EL ABOGADO EN LA ERA DIGITAL

UBER GARCÍA

Autor: Uber García

Editor: Edgardo Moreno

Diseño interior: Francisco Martínez López

Diseño de Portada: Edgardo Moreno

Contacto: Uber García

Email: abogadoenlaeradigital@gmail.com

Un proyecto Editorial de

Tu Libro en 21 días
www.Tulibroen21dias.com

Contenidos

Introducción

Los mayores obstáculos de los abogados en la era digital

La mayoría de profesionales del derecho, especialmente los abogados nuevos, se enfrenta con tres grandes problemas:

– Falta de experiencia.

– Falta de credibilidad.

– Falta de clientes.

La falta de experiencia es porque no se ha tenido la oportunidad de ejercer lo suficiente.

La falta de credibilidad es porque los clientes prefieren contratar abogados con alto grado de prestigio y reputación; y la falta de clientes es consecuencia de los dos factores ya mencionados, por lo que no tienen una numerosa cartera de clientes, y sumado a eso se puede mencionar el acelerado crecimiento del número de abogados en varios países. Por citar un ejemplo, en mi país —Guatemala— en promedio cada cinco horas y media se gradúa un abogado.

La pregunta que se nos plantea ante esta situación es:

«¿Cómo podrá sobrevivir profesionalmente un abogado nuevo si usa métodos que ya no encajan en el mundo actual?»

Lamentablemente —espero que no sea tu caso— muchos abogados están atrapados en paradigmas antiguos, y no se han percatado aún de todas las bondades que les brinda la era digital, de toda la serie de posibilidades que les ofrece para ser profesionales de éxito, sin importar cuantos años de ejercicio profesional lleven.

¿Qué te parece si te reto a conocer los mejores secretos con los que podrás obtener credibilidad, aumentar exponencialmente el número de clientes y lograr posicionamiento como experto en tiempo récord? Y, mejor aún, ¿qué te parece si te digo que funciona especialmente con abogados nuevos?

Quizá lo primero que se te venga a la mente es que «eso no puede ser posible». Pero, ¿qué pasa si te pruebo lo contrario? ¿Qué pasa si te muestro las técnicas y estrategias para lograrlo, si te muestro paso a paso como lograrlo?

Acepta el reto, te invito a que me acompañes a navegar en el emocionante mundo de la era digital. Juntos lo exploremos en cada uno de los capítulos, sin obviar ninguno de ellos, para así conocer la magia que brinda esta extraordinaria «era dorada».

¿Por qué leer este libro?

Este libro es fruto de más de diez años de estudio y aprendizaje de todo lo relacionado con los procesos de venta mediante el uso de las nuevas tecnologías de la información. Las mismas que están proporcionando mucho éxito a las industrias que las están aplicando tanto para la venta de productos como de servicios.

Dichos métodos los he implementado exitosamente en mis plataformas virtuales, de las que actualmente proviene el 80% de mis ingresos. Ha sido una experiencia agradable, en la que la tecnología me ha permitido prestar mis servicios de manera más ágil, pudiendo así asesorar a clientes tanto de dentro como de fuera del país.

Una de las principales razones por la que deberías leer este libro es porque en él encontrarás la herramienta más completa existente en el mercado de habla hispana, y que te enseñará paso a paso como virtualizar tu despacho Jurídico, aunque no sepas absolutamente nada del tema. En el libro se abarcan aspectos teóricos y prácticos relacionados con toda la infraestructura tecnológica necesaria para estar a la vanguardia en la prestación de servicios legales. Además, se abordan aspectos del Marketing Jurídico lo que hace que este libro sea el más adecuado para destacar como abogado en este mundo virtual.

Con la ventaja adicional de estar escrito por un profesional del derecho, que entiende perfectamente las necesidades de sus colegas.

¿Qué te revelaré en este libro?

Este libro consta de seis capítulos. Cada uno de ellos contiene información que en poco tiempo te llevará al siguiente nivel profesional.

En el *primer capítulo* te muestro los 3 secretos para ser percibido como experto en tu nicho de mercado. Si los aplicas, con toda seguridad podrás aumentar tu credibilidad en corto tiempo.

En el *segundo capítulo* aprenderás aspectos básicos que te guiarán para ser competitivo en un mundo virtual. En él verás la importancia de la pronta adaptación.

En el *tercer capítulo* aprenderás las técnicas para lograr que tus clientes prefieran tus servicios jurídicos por encima de los de la competencia. Este capítulo cobra una gran relevancia puesto que en él aprenderás los elementos para destacar de los demás, para así poder lograr estar pasos muy por delante de la competencia. Todo ello sin importar tu grado de experiencia y/o especialización actual.

En el *cuarto capítulo* te enseño aspectos teóricos y prácticos de como usar las redes sociales a tu favor. También aprenderás cuales son las herramientas indispensables para ESTRUCTURAR TU DESPACHO JURÍDICO en la era digital.

El *quinto capítulo* abarca aspectos meramente prácticos. En él te enseño paso a paso —no te preocupes aunque NO cuentes con EXPERIENCIA— el manejo de las nuevas tecnologías de la información. Las herramientas que se abarcan en este capítulo son todas gratuitas, y las puedes implementar hoy mismo.

En el ***sexto capítulo*** te muestro que hacer para ir a la vanguardia en la prestación de servicios legales, para que en tiempo récord estés muy por delante de tu competencia. Te doy acceso a un enlace para que conozcas una herramienta, la cual en poco tiempo te puede catapultar profesionalmente.

Los seis capítulos en su conjunto son como la imagen de un rompecabezas:

> *«Si llegara a faltar alguno no daría los resultados esperados».*

CAPÍTULO I

Los 3 secretos para que un abogado sea percibido como experto en su nicho de mercado

¿Eres buen abogado?

Lo que respondas es irrelevante. Eso no lo decides tú, lo deciden tus clientes y la forma como te perciben, la cual —en la mayoría de casos— no tiene que responder necesariamente con la realidad, si no que son percepciones construidas en base a una serie de distintos factores.

De modo sencillo, las percepciones son producto de la conexión de lo que vemos y/o vivimos en el presente con lo que vimos y/o vivimos en el pasado. Son las conexiones de vivencias pasadas con experiencias presentes.

En el contexto de los profesionales del derecho te pregunto:

«¿Qué percepción tienen las personas de los abogados?»

O más importante aún:

«*¿Qué percepción tienen las personas de ti? ¿Es una percepción positiva o negativa?*»

Lamentablemente la mayoría de personas tiene un mal concepto de los abogados. Las preguntas a plantearse entonces serían:

- ¿Tiene el abogado actual la capacidad y las herramientas para cambiar la percepción de sus potenciales clientes?

- ¿Puede modificarse la percepción?

- ¿Puede construirse una buena percepción?

Las respuestas a estas preguntas te las doy a continuación. Además te daré a conocer los 3 secretos para que en poco tiempo seas percibido como experto.

Secreto 1: Define tu nicho de mercado

¿Cómo debe un abogado definir su nicho de mercado correcto?

Definir correctamente el nicho de mercado, en la prestación de servicios jurídicos, es de gran relevancia. Especialmente en aquellos países en donde el gremio de abogados está en crecimiento acelerado, como es el caso de mi país — Guatemala—, en el que, en promedio, se gradúa un abogado a cada cuatro horas y media.

Dicha definición se hace más complicada aún en especial para los profesionales nuevos. No siendo éste el caso para quienes ya tienen varios años de experiencia, y cuentan además con una buena cartera de clientes.

Hace unas décadas, ser abogado era sinónimo de éxito automático, y un abogado se podía dar el lujo de solucionar todos los asuntos legales de sus clientes —laborales, civiles, mercantiles, penales, etc.—. Profesionalmente tenía poca importancia el ser abogado generalista o todólogo. Lamentablemente, en estos días ésto ya no es así y, por el contrario, ser abogado generalista es caminar en desventaja.

La gente cada vez demanda más soluciones legales concretas, proporcionadas por abogados dedicados a resolver problemas específicos —no me refiero a que tengan maestrías o doctorados necesariamente—.

A tus potenciales clientes no les interesa saber en qué área del derecho te has especializado, lo que ellos realmente buscan es solucionar su problema en particular, en el menor tiempo posible.

No significa que no sea importante tu especialidad, pero a ellos no les interesa. Además, una especialidad en estos días es algo demasiado general para la mente de los clientes quienes en su cerebro:

- No buscan un especialista en derecho penal, buscan un experto en homicidios.

- No buscan un especialista en derecho procesal civil, buscan un experto en divorcios complicados.

- No buscan un especialista en derecho mercantil, buscan un experto en inscripción de marcas.

- No buscan un especialista en derecho laboral, buscan un experto en defender trabajadores despedidos de manera directa e injustificada.

- Etc.

Es necesario tener claro cómo funciona el cerebro de tus potenciales clientes para poder conectar con ellos de manera efectiva.

Es importante mencionar, para adentrarte directamente al tema, que uno de los errores de muchos profesionales es pensar que todo mundo puede ser su cliente. Si bien funcionalmente esto pude ser cierto, en el día de hoy todo ha cambiado y la dinámica del mercado ya no lo permite.

Por ello, el primer paso para definir tu nicho de mercado es responder a las siguientes interrogantes:

– ¿Qué área del derecho es la que más te gusta?

– ¿Qué área del derecho es la que más dominas?

Las respuestas a dichas preguntas te darán las pautas para escoger adecuadamente tu nicho de mercado correcto. Posteriormente podrás con mejor precisión realizar la fijación de honorarios y el plan de marketing Jurídico correcto.

¿Qué importancia tiene para un abogado conectar su profesión con su pasión?

Desde niño, como todas las persona, has tenido pasión e inclinación por algo en particular que te hacía vibrar, motivaba y con lo que «disfrutabas». Es importante que sepas que si logras conectar tu pasión con el conocimiento adquirido en la Universidad, serás movido hacia adelante de manera impresionante, puesto que la pasión no ve límites, no tiene horarios, no ve obstáculos y, sobre todo, es capaz de ver lo que otros no ven.

Quizás, a primera vista —considerado muy a la ligera—, podría parecer que no tiene ninguna importancia. Sin embargo, si te detienes un poco en esta consideración, es posible que ahí encuentres tu nicho de mercado. Así, por ejemplo, si te apasionan los negocios y eres un emprendedor:

> *«¿Por qué no hacerte miembro de la cámara de comercio de tu país y asesorar legalmente a emprendedores con sus contratos de confidencialidad, inscripción de marcas, constitución de sociedades, etc.?»*

La importancia de lo anterior radica en que los seres humanos tendemos a conectarnos, a desarrollar mayor simpatía y confianza con personas que tienen los mismos intereses que nosotros. Esto hará que llegado el caso aumente la probabilidad de que te confíen sus asuntos legales.

Soy amigo de un colega que trabajaba en la Policía Nacional Civil en mi país —Guatemala—. Cuando se graduó de Abogado me preguntó: «¿A qué área del derecho me aconsejas que me dedique?». Mi respuesta fue: «Eso no puede decidirlo nadie más que tú».

Mi consejo se derivó de la respuesta a la pregunta que le hice: «¿Cuál es el problema legal más común que enfrenta un agente de la Policía Nacional Civil?». Él me dijo que los más comunes eran dos:

– Demandas reclamando pensiones alimenticias.

– Abuso de autoridad.

Entonces le recomendé que aprovechara el elemento de afinidad que tenía con los Agentes de la Policía Nacional Civil (PNC) y que se mercadeara como el Abogado que auxilia a Agentes de la PNC en casos de pensión alimenticia. Le reiteré que él podía llegar a ser el referente en la mente de dichos agentes, de tal manera que cuando ellos enfrentaran ese problema no pensaran en otro abogado sino en él.

Claro que no es simple, pero desarrollando un buen plan de Marketing Jurídico podía lograrlo «incluso sin invertir ningún centavo».

Los ejemplos anteriores no son una receta, pero te dan pautas de cómo aprovechar tu círculo de influencia, pasión y conocimiento, para definir tu nicho de mercado en la prestación de servicios Jurídicos.

Conecta tu conocimiento empírico con tu profesión

Otro aspecto importante a tomar en cuenta para definir tu nicho de mercado es el conocimiento empírico que posees, es decir, tu experiencia.

Cuando una persona hace lo que sabe y/o lo que le apasiona, disfruta de su trabajo, lo hace con alegría y esto generalmente es como un antídoto contra el estrés.

Para definir tu nicho de mercado más adecuado, ten en cuenta los siguientes aspectos:

– Define el área del derecho a que te vas a dedicar

– Define el problema específico que desees solucionar. Por ejemplo, si has decidido dedicarte al área de derecho civil podrías especializarte en divorcios complicados.

– Procura conectar tu pasión con el problema específico.

- Define tu propuesta única de valor, qué es lo que puedes brindar a tus clientes —a cambio de lo que te pagarán— y qué te diferencia frente a los demás abogados.

- Adicionalmente debes definir el sector al que brindarás servicios profesionales. Así, por ejemplo, puedes ser especialista en derecho mercantil y atender únicamente al sector hotelero en la constitución de sociedades mercantiles.

Quizá puedes pensar que al hacerlo de esa manera tus posibilidades de éxito se vean reducidas. Al contrario, ésto te ayudará a posicionarte en la mente de los miembros de dicho sector como el experto en sociedades mercantiles.

Dentro del contexto de prestación de Servicios Jurídicos, ¿qué es la propuesta única de valor?

Cuando un abogado no cuenta con una propuesta única de valor, es decir, que no posee ningún atributo de su servicio que resalte como elemento diferenciador con relación a los demás, opta por competir con precio y conveniencia. Lo cual implica atraer únicamente a potenciales clientes que compran al que tiene los precios más bajos.

Esta opción puede en algunos casos tornase peligrosa, debido a que desencadena lo que los expertos llaman GUERRA DE PRECIOS. Existen muchos ejemplos que se pueden citar pero, de manera general, significa que la única manera que encuentran para atraer clientes es bajar el precio de sus honorarios —lo que yo llamo, nivelación del mínimo hacia el fondo—.

Lamentablemente, en la Universidad y en los colegios profesionales, bajo el pretexto de mantener la ética, no nos enseñan temas sobre Marketing Jurídico. Es más, limitan todo lo referente al mismo. Esto ha traído como consecuencia la denigración de la profesión, y que al abogado, en su afán de hacer productiva su profesión, lo único que se le ocurra sea bajar el precio a sus honorarios para poder ser competitivo. Lo cual es un GRAN ERROR.

A través de este capítulo te mostraré algunas estrategias para contrarrestar ese problema.

Secreto 2: Construye tu marca personal

Dentro del contexto prestación de Servicios Jurídicos, ¿qué es la marca personal?

La marca personal es la imagen que las personas tienen de ti cuando escuchan tu nombre.

La marca personal es la imagen con que las personas te asocian cuando escuchan tu nombre.

Te pondré un ejemplo que ilustra el concepto: «¿Qué te viene a la mente cuando escuchas el nombre MacDONALS? ¿Con qué asocias ese nombre?».

Si has respondido hamburguesas estás en lo correcto.

Analicemos todo esto para ir clarificando que es la marca personal, o en su defecto la marca profesional.

La pregunta que debes responderte es:

«¿Con qué te asocian las personas cuando escuchan tú nombre?»

Es importante que respondas dicha pregunta, porque simplemente si tú no eres el referente en la mente de alguien, no necesariamente como persona o abogado, sino como el experto en la prestación de un servicio en particular, simplemente eres un profesional anónimo.

Es muy probable que al escuchar la palabra MacDonals no pensaras en un restaurante sino en una hamburguesa. Respecto a esto es importante aclarar ciertas cosas, ya que quizás te estés preguntando:

«¿Pero qué pasa si construyo mi marca personal alrededor de la prestación de un único servicio? Significa entonces que ¿no prestaré otros servicios legales?».

La respuesta es NO.

Así como MacDonals no solo vende hamburguesas, tampoco tú necesariamente prestarás un solo servicio. Lo que estoy tratando de enfatizar es que si no lo haces, no tendrás la oportunidad de ser el referente en la mente de alguien. No tendrás la posibilidad de contar con elementos de diferenciación, y serás solo un abogado más.

Estimado colega plantéate las siguiente preguntas:

– Si ocurre un hecho de tránsito, ¿cualquiera de las partes involucradas pensarían en ti?

– Si alguien es despedido de su trabajo, ¿pensaría en ti?

- Si alguien está pensando en divorciarse, ¿te tiene como referente por ser tú el abogado de divorcios complicados?

- Si alguien desea limpiar sus antecedentes penales o policíacos, ¿eres tú el referente para él?

Bueno quizás puedas responder: «Sí, mi hermano, mi suegra, mi tío, mi primo, etc., pensaron en mí». Bueno, no me refiero a personas que tienen un vínculo familiar o de amistad contigo, me refiero a aquellas personas que son extrañas para ti, incluso aquellos que nunca han tenido que visitar un abogado.

Alguien podría decir que así no es cómo funciona la prestación de servicios legales. Sin embargo, déjame decirte que ese era el mundo que tú conocías, pero que ahora todo es diferente.

¿Qué hacer para que tu marca personal (profesional) penetre en la mente de tu nicho de mercado?

Para que eso suceda, lo primero que debes hacer es personificar tu marca personal. Los seres humanos tendemos a recordar con mayor grado de efectividad los colores, las formas, y los tamaños cuando son escogidos adecuadamente.

Debes procurar transmitir tu razón de ser y de hacer a través de las imágenes, es decir, debes proyectar lo que eres interna y externamente.

Hay varios aspectos para que eso suceda. Entre ellos podría mencionar lo referente a los elementos de recordación tales como los colores y formas. Estos son clave para que el cerebro humano se conecte o desconecte fácilmente.

Empecemos con los Colores.

Existe una disciplina llamada psicología de los colores. Es importante saber que el significado de los mismos cambia de acuerdo al contexto en donde se usen. Así, por ejemplo, no tiene el mismo significado el color rojo en el contexto político que en el religioso. No tiene el mismo efecto psicológico el color naranja en un restaurante que en un partido político, ni el color negro en el contexto empresarial que en un funeral, etc.

¿Por qué es importante hablar del color? Porque será la base para que construyas la imagen corporativa adecuada de tu despacho. El color es importante escogerlo cuidadosamente, en función al problema en particular que vas a solucionar, ya que este causará un efecto en el cerebro de las personas, que puede ser negativo o positivo.

Te invito a que, para realizar una elección del color más consciente, investigues un poco respecto a la psicología de los colores.

De ello dependerá el color del logotipo, y por consiguiente la creación de toda la imagen corporativa de tu despacho. Más adelante explicaré como se crea esta imagen corporativa.

Ahora analicemos las formas.

Nuestro cerebro encaja más con unas formas que con otras. Es seducido con mayor éxito por las formas curvadas y redondeadas, tendiendo a ser más amigable con ellas.

Esto es lo que sugieren los resultados de diferentes experimentos realizados en neurociencia, según los cuales: nuestro cerebro es más receptivo a las formas curvadas y/o redondas que a las cuadradas.

Uno de los errores más comunes cometidos por los abogados es que en el momento de elegir el logotipo no hacen consideración de lo mencionado. En la mayoría de casos solo descargan una imagen, que han buscado en Google, o usan el logotipo de la universidad de la cual egresaron. Por lo menos esto es muy común en mi país —Guatemala—.

No es que esto esté mal, pero no debería hacerse para el logotipo principal, porque ¿qué pasaría si 1,000 abogados tienen el mismo logotipo en su tarjeta de presentación? Pues que ni en lo más básico tendrían un elemento de diferenciación.

Lo recomendable es crear un logotipo desde cero, que no esté encerrado en una forma cuadrada, y evitar en lo posible las líneas rectas. Además, hay que procurar que los colores sean cuidadosamente elegidos. No se trata de que sea un color que tú consideres bonito, ni tu color favorito, se trata de ver qué color causa el mayor efecto psicológico positivo en la mente de tus potenciales clientes. De preferencia, sería recomendable registrarlo para que nadie más pueda usarlo.

¿Cómo debe un abogado construir su marca personal (profesional) y cuáles son los elementos básicos?

Existen tres elementos que son como una fórmula. Elementos que al sincronizarlos y desarrollarlos de manera adecuada darán como resultado una impactante marca personal que quedará impregnada en el cerebro de tus potenciales clientes.

Para encontrarla es importante que realices las tareas siguientes:

– Define tu razón de ser.

– Define tu nicho de mercado.

– Define tu propuesta única de valor.

El conjunto de las tres definirá tu marca personal.

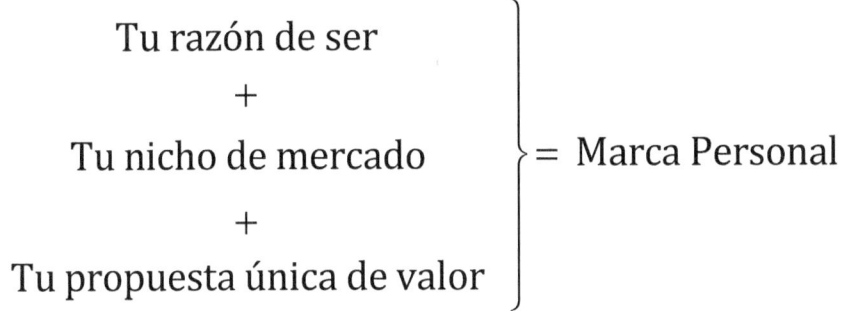

Tu razón de ser
+
Tu nicho de mercado   } = Marca Personal
+
Tu propuesta única de valor

Explicación de la formula

Tu razón de ser tiene que ver con a qué te vas a dedicar, a qué área del derecho te enfocarás y, lo más importante, qué problema en particular de esa área del derecho resolverás. ¿Por qué razón? Porque esa será la forma en la que podrás posicionarte en el cerebro de tu nicho de mercado, y serás el referente en su mente. Como ejemplo, podrías dedicarte a cobros Judiciales, mediante juicios ejecutivos, en el sector empresarial de la industria farmacéutica.

Tu razón de ser no debe ser definida por tu especialidad, tampoco por las características de los servicios que prestas, sino por el resultado que obtendrán tus clientes.

Siguiendo la misma línea de pensamiento del ejemplo, podrías definir tu razón de ser de la siguiente manera: rescatar capital a favor de las empresas en la industria farmacéutica.

Imagínate que fueras un empresario con muchas cuentas por cobrar, que ascienden a $1,000,000, y que necesitas recuperar ese dinero que casi has dado por perdido.

Navegas por internet buscando quien te ayude legalmente, y lo que encuentras son 2 despachos que en su página web lo primero que lees es lo siguiente:

- DESPACHO XX. Somos expertos en derecho civil y procesal civil, y contamos con especialistas.

- DESPACHO YY. Nuestra única misión es rescatar capital que se adeudan a empresas en la industria farmacéutica.

A ti, como empresario desesperado por recuperar tu dinero, ¿cuál de los despachos te llamaría más la atención? ¿Con cuál de ellos conectaría más tu cerebro? Saca tus propias conclusiones.

Ahora hablemos del nicho de mercado.

Tu nicho de marcado

Si bien es cierto que un aspecto importante del éxito profesional es delimitar que problema en particular resolverás, igual importancia tiene definir de manera correcta a qué nicho de mercado te enfocarás.

Tu puedes decidir ser el experto en brindar asesoría legal a empresas, pero uno de los puntos importantes es que definas la envergadura de la misma —pequeñas, medianas o grandes— y luego delimites el tipo de problema particular a resolver. Por ejemplo, podrías dedicarte a ordenar contratos laborales, brindar defensa técnica cuando un empleado demande a la empresa, a la elaboración de reglamento interior de trabajo, etc. Pero insisto, si la empresa te pide que le prestes tus servicios en otro asunto, esto no significa que no puedas hacerlo.

Lo que estoy tratando de enfatizar tiene como finalidad ayudarte a crear un plan de Marketing Jurídico correcto. Para tener un buen posicionamiento y éxito en tu marca personal es de vital importancia que te dediques a resolver un problema en particular.

Pero, cuando un profesional decide definir su nicho de mercado sufre mucho pensando que al hacerlo dejará fuera a muchos posibles clientes. Bueno, sí y no. Si bien es cierto que en principio se deja fuera a mucha gente, el efecto de dedicarte a atender a un grupo selecto, y posicionarte en la mente de cada uno de ellos, traerá como resultado la preferencia hacia ti.

Ahora bien, lo recomendable no es que hagas a un lado a personas que requieran la solución de problemas legales —especialmente si estás empezando la gran aventura en tu vida profesional no puedes darte el lujo de desechar a ningún cliente—, al contrario, hay que brindarle los servicios requeridos, pero sin perder el enfoque, manteniendo presente tu meta de posicionarte como experto en un problema dentro de la mente de tus potenciales clientes.

A demás, es importante que tengas en cuenta que llegará el momento en que los clientes todólogos serán superados por los clientes específicos.

La pregunta que nos surge ahora es: «¿Cómo manejar esa dualidad, sin verse afectado en nada?». Para ello debes mercadearte de dos formas: una como el abogado generalista y otra como el experto en un problema en particular. Así atenderás a dos tipos de clientes, pero llegará el momento en que prevalecerá el ultimo.

Para que ello, desde el punto de vista del Marketing Jurídico, sea funcional deberás usar 2 tipos de tarjetas de presentación, 2 imágenes corporativas, y tener 2 estrategias de mercadeo.

Imagínate que tu nicho de mercado son las medianas empresas y que, en una reunión familiar, alguien que se entera de que eres abogado te habla de su problema —como por ejemplo, que quiere divorciarse—, y te pide tu tarjeta de presentación. Si le entregas la que te sirve para mercadearte con empresarios, no te servirá de nada, ya que creerá que no eres el profesional idóneo para resolver su problema.

Lo recomendable es que con tus amigos, familiares y conocidos te mercadees como abogado todólogo, pero que empieces a posicionarte como experto con las personas que no te conocen, porque ahí es donde cuesta más penetrar, y como todólogo tu éxito será casi nulo con personas que ni te conocen ni tienen confianza en ti.

Tu propuesta única de valor.

Alguien podría decir:

> *«¡Pero los abogados no somos vendedores!»*

Bueno, déjame que te explique que:

> *«Todos los seres humanos consciente o inconscientemente vendemos algo, y vender algo no tiene por que significar el ir de puerta en puerta a ofrecer un producto o servicio».*

Una persona que quiere trabajar bajo dependencia —por cuenta ajena— tendrá que saber venderse con el jefe de recursos humanos, mientras que el que quiere trabajar de forma autónoma o independiente, deberá saber venderse con sus potenciales clientes.

Los abogados vendemos intangibles, por lo que se hace un poco complicado saber hacerlo correctamente si no se tiene la estrategia correcta.

¿Qué hace que un empresario contrate a una persona de entre los más de 100 currículos recibidos? La respuesta es sencilla: «El contratado supo venderse mejor». No es que él haya dicho: «Me vengo a vender, cómpreme por favor señor empresario». No, quizás empezó a venderse con la forma en que elaboró su currículo, la forma de presentarse, la forma de expresarse, su aspecto personal, etc.

En una ocasión, yo descarté de manera automática la contratación de una jovencita que quería trabajar en mi empresa, simplemente porque cuando entró en mi oficina llevaba puesto una sudadera con gorro incorporado, el cual cubría su cabeza. Lo más destacable de esta experiencia fue que ni siquiera entré en la consideración de su formación o su experiencia. Simplemente con solo ver su aspecto personal, fue descartada de manera automática.

Todos sabemos que para ir a una entrevista de trabajo hay que tener cuidado no solo en como se va vestido, sino también con el color de la ropa. Este es importantísimo, puesto que tiene un efecto psicológico sobre el cerebro de quien nos valora, que bien puede jugar a nuestro favor o en nuestra contra. Además, todo esto sucede de manera automática e inconsciente.

Tener estos hechos en cuenta es saber venderse.

«¡Bien, entremos en materia!»

La propuesta única de valor tiene que ver con el elemento diferenciador, es decir, con

– qué te hace destacar de los demás abogados,

- qué diferencia ve en ti tu nicho de mercado con relación a tu competencia, y

- qué te hace único.

Encontrar la respuesta no es tarea fácil —pero tampoco imposible—. Una vez definido el problema en particular que vas a solucionar, y tu nicho de mercado, empieza la tarea de conocer a tu competencia. Debes conocer a aquellos que apuntan al mismo nicho de mercado. Esto te permitirá poder crear tu propuesta única de venta, mediante los elementos diferenciadores. Entonces ya podrás realizar la fijación de honorarios correcto.

Te voy a contar una historia fascinante y esclarecedora que ilustra cómo generar una estrategia de diferenciación. La he llamado:

El pollo rojo.

(En mi país, un pollo es un ave, cría de una gallina.)

Cada fin de año, suelo visitar algunos familiares. Un año visité la casa de uno de mis tíos, que tenían una granja de pollos en la que había cientos de ellos, todos de color blanco. Al ver la gran cantidad de pollos me quedé maravillado. Sin embargo, a medida que caminaba alrededor de la granja, seguía viendo pollos blancos, de tal manera que en poco tiempo mi cerebro se desmotivó por ver lo mismo —ya que lo repetitivo generalmente se vuelve aburrido—.

Lo curioso fue que mientras seguía caminando apareció ante mí algo que disparó en mi cerebro, una emoción diferente: entre la gran cantidad de pollos blancos había uno de color rojo. Al preguntarle a mi tío, este me comentó que era el pollo de su hijo menor. Y para que él sintiera que un pollo, entre ese mar de pollos, le pertenecía, tenían que ponerle una señal que lo identificara, y por eso lo habían pintado de color rojo.

Lo curioso de todo es que ese pollo era el atractivo de todos los que visitaban la granja. Era como un imán para todos, y automáticamente el ojo era atraído por ese punto rojo en medio de todo lo blanco. Era el único que daba de que hablar, e incluso le tomaban fotografías.

Me gusta utilizar este ejemplo para ilustrar el concepto de la propuesta única de valor, del elemento de diferenciación. Para encontrar el tuyo debes responderte estas preguntas:

- ¿Cuál es tu pollo rojo?

- Dentro de la gran cantidad de abogados, ¿qué hace que tú resaltes más?

- ¿Qué diferencia muestras a tu nicho de mercado con relación a tu competencia?

Déjame felicitarte si respondes de forma clara y concreta a estas preguntas. Si no lo has logrado aún, entonces esta es una de las tareas pendientes que tienes y que se hacen imprescindibles de realizar para aumentar tu éxito profesional.

Una vez definido tu nicho de mercado, delimitado lo que vas a ofrecerles, determinada tu propuesta única de valor (PUV). Es importante sumar algunos elementos coadyuvantes. Me refiero específicamente a la construcción y desarrollo de tu imagen corporativa, imagen personal o imagen profesional en su defecto.

¿Qué es la imagen corporativa dentro del contexto de los abogados?

En términos sencillos, la imagen corporativa es la impresión gráfica que un abogado proyecta a su nicho de mercado, es decir, es la figura, apariencia o representación que las personas ven proyectada en ti.

Los elementos básicos que constituyen tu imagen corporativa son:

– Logotipo.

– Tarjetas de presentación.

– Hojas membretadas.

– Carpetas personalizados.

– Sobres.

– Recibos, etc.

La imagen corporativa de un despacho de abogados tiene como objetivo enviar un mensaje a su nicho de mercado, indicando quien es, como es y, sobre todo, proyectando un valor que pueda ser fácilmente percibido.

La imagen corporativa para un abogado viene siendo el equivalente al empaque de un producto: el buen diseño y la calidad del mismo generarán de manera inconsciente en el cerebro del cliente el juicio sobre su valor.

No tener imagen corporativa genera la percepción similar a la que produciría el comprar un producto sin empaque —tú sabes bien que provocaría en ti comprar un producto así—.

¿Te imaginas comprar una gaseosa en una bolsa transparente, o unas pastillas envueltas en papel periódico?

Es importante resaltar que una vez tengas creada la imagen corporativa de tu Despacho Jurídico debes ser muy cuidadoso, y procurar que no tenga cambios, es decir, no puedes usar unas veces un color para el logotipo y otras veces otro.

¿Cuáles serían los efectos psicológicos, en tus potenciales clientes, de proyectar una imagen corporativa profesional?

A lo largo de mi experiencia en negocios y de mi carrera profesional he comprobado que: «No hay una segunda oportunidad para una primera impresión». Si contrastamos eso con el dicho popular que reza: «La primera impresión es lo que cuenta», podemos concluir que la primera impresión es un tema que debe abordarse con toda la seriedad y rigurosidad que el caso necesita.

Todo lo anterior se aplica en cada aspecto de nuestra vida. Especialmente, para el caso que nos ocupa de la prestación de Servicios Jurídicos, no debe olvidarse que una buena primera impresión es clave para generar empatía y/o confianza con el cliente.

Además de todo lo abordado en los párrafos anteriores, también es importante tener en cuenta la ubicación del despacho. Hay un dicho que reza: «Así como te ven te tratan». No hay que tomar a la ligera la elección de la localización de tu despacho jurídico, la cual debe hacerse en función al nicho de mercado elegido.

Así, por ejemplo, no es recomendable estar en una zona muy exclusiva —con un alto grado de plusvalía— si tu nicho de mercado lo constituyen personas con bajo poder adquisitivo. La razón lógica para ello radica en que de alguna manera estos se sentirán cohibidos o incómodos, y pensarán que debes ser un abogado demasiado caro, por lo que automáticamente te excluirán.

De igual forma ocurre si tu nicho de mercado son clientes de un estatus económico alto. No puedes estar en una zona marginal, retirada, difícil de acceder, puesto que no te buscarán, y generarás desconfianza en ellos.

En conclusión, tu imagen debe ir acorde al nicho de mercado que has elegido.

Otro aspecto a considerar es la importancia de tener presencia en Internet. Desde la perspectiva de los natos digitales, el que no aparece en Google no existe. Esto es muy cierto. De hecho es alrededor de ese tema sobre el que gira este libro. Por ello, en los próximos capítulos será abordado este tema con la seriedad que amerita.

Teniendo en cuenta el título del libro, puede que para algunos quizás este capítulo esté fuera de lugar. Sin embargo, era importante abordarlo ya que la misma imagen proyectada «offline» será la que debes proyectar «online», y la correcta construcción de la misma determinará el éxito de tu despacho virtual.

Secreto 3: Escribe y habla a tu nicho de mercado

Las personas que más progreso logran en la vida no son generalmente las que más habilidades técnicas poseen, sino que son aquellas que han aprendido a comunicarse de mejor manera, puesto que la comunicación es un elemento imprescindible en el proceso de negociación y venta.

¿Qué debe escribir un abogado a sus potenciales clientes?

Antes de abordar el tema, es importante indicarte cuales son las plataformas más adecuadas para escribir a tu nicho de mercado. Estas son las siguientes:

– Periódico.

– Revista especializadas.

– Medios sociales.

Escribir en una de estas tres plataformas producirá un efecto psicológico importante en tu nicho de mercado. Este lo abordaremos por separado, pero antes debes saber que:

«No hace falta ser máster en un determinado tema para poder escribir sobre el mismo. Hay temas dominados por la mayoría de abogados, especialmente por aquellos profesionales que han adquirido la experiencia a lo largo de su carrera».

No trataré de darte una receta a cerca de lo que tienes que hablar o de lo que tienes que decir. Creo que bastará únicamente con citar unos ejemplo, que siempre podrás usar como referencia. Imagina que eliges ser referente y posicionarte como experto en la constitución de sociedades mercantiles. Podrías escribir un titular, en cualquiera de las plataformas mencionadas, y escribir algo similar a esto:

«5 aspectos a tomar en cuenta por los futuros socios, previos a constituir formalmente una sociedad mercantil».

Es decir, no tiene que ser un tema sofisticado que emplee tecnicismos jurídicos (que tus potenciales clientes no comprenderán), ni tiene que ser un tema que requiera tener una especialización o subespecialización para entenderlo. Al contrario, tiene que ser algo simple y digerible por los lectores, y por supuesto que alguien que esté pensando en constituir una sociedad mercantil esté interesado en leer.

Otro ejemplo. Si estás pensando ser el referente en cuanto a la defensa de los derechos de los trabajadores del sector privado, podrías escribir un titular similar a este:

«Conoce cuales son los derechos que te asisten al ser despedido de tu trabajo».

Por supuesto que alguien que ha sido despedido o que sabe que lo van a despedir de su trabajo se interesará en leerlo. Esto irá sumando para tu posicionamiento en la mente de tu nicho de mercado.

La mayoría de abogados esperan, generalmente, a tener un doctorado para animarse a publicar lo que escriben. Y no lo hacen hasta este nivel académico por temor a equivocarse. Según mi humilde opinión, no es necesario esperar hasta este punto para hacerlo, a menos que estés pensando en que tu nicho de mercado sean los mismos abogados. Es decir, a menos que quieras escribir libros de texto para abogados, con fines académicos, no es indispensable llegar tan lejos.

Cuando se trata de llegar a tu nicho de mercado, no se hace indispensable tener un doctorado, basta únicamente dominar el tema en particular y escribir al respecto, «*teniendo siempre en cuenta las reglas básicas de escritura*».

Veamos ahora la importancia de escribir en los medios sugeridos.

¿En qué ayuda a un abogado escribir a su nicho de mercado?

Desde mi punto de vista, los aspectos principales en los que a un abogado le ayuda escribir a su nicho de mercado son:

- Psicológicamente te posiciona como experto en el tema. No necesitas gritarlo a los cuatro puntos cardinales: «Con el simple hecho de publicar lo que escribes la gente te percibe como un experto».

- Ser escritor es la mejor tarjeta de presentación. Si una empresa requiere los servicios profesionales de un abogado para que le brinde alguna asesoría, preferirán contratar a alguien con reputación de escritor.

- Aumenta tu credibilidad profesional. Ya no serás un abogado anónimo, alguien en quien no se pueda confiar.

La credibilidad —que está asociada a la confianza—está compuesta por tres elementos:

- Reputación.

- Imagen.

– Conocimiento especializado.

¿Sabías qué el ser escritor hace que automáticamente la gente te perciba con esos tres elementos?

Es importante aclarar que ser percibido como experto te catapultará, te pasará del punto A al punto B, te sacará del anonimato, etc., pero no garantizará tu estatus. A partir de ahí tendrás que trabajar duramente para mantenerte y mejorar, pues de lo contrario te verás desmoronado en poco tiempo.

Por eso, es importante escribir de un tema que manejes bien, en el que preferentemente tengas experiencia, y no simplemente escribir por escribir. Esta aseveración se resume en una frase que escuché en algún lado —por lo cual NO es frase mía— y que dice:

«Te contratarán por lo que dices y te despedirán por lo que realmente eres».

¿Por qué escribir en un periódico?

Escribir en un periódico hará que mucha gente te conozca en el menor tiempo posible. Lo recomendable es que te vuelvas columnista de un periódico, y que seas consistente y coherente, hablando siempre a tu mismo nicho de mercado. No es recomendable que unas veces hables de política, otras veces de economía, otras de divorcio, etc. No es que eso sea malo en sí, pero no suma positivamente para que seas percibido como experto.

¿Por qué un abogado debe escribir en una revista especializada?

Porque cuando lo haces estás llegando a tu nicho de mercado especifico, y lo que percibirán tus potenciales clientes es que eres una autoridad referente en el tema.

Además, en las revistas especializadas aparecerán empresas anunciadas con un alto grado de reputación, y esto será algo a tu favor pues las personas asociarán y percibirán que tú también tienes una gran reputación. Así, por ejemplo, si te dedicas a cobranzas judiciales y tienes como clientes a empresarios, lo óptimo sería escribir en la revista de la cámara de comercio de tu país y/o de tu región.

¿Por qué escribir en los medios sociales?

Porque actualmente la gran mayoría de personas pasa varias horas al día en las redes sociales, y es por esto por lo que es importante aprovechar dicho medio para dirigirte a tu nicho de mercado.

Escribir en cualquiera de los medios indicados no es para que vendas, ni mucho menos para que al siguiente día estés recibiendo llamadas de nuevos clientes, más bien es para sumar credibilidad, confianza, para hacerte imagen así como para ayudarte a ser percibido como experto en el tema sobre el que escribas. Esto no es algo complicado, y tampoco necesitas hacer una gran inversión.

CAPÍTULO II

Abogado tradicional frente a cliente tridimensional

Analfabetismo digital vs. natos digitales

Linda Michelle, mi sobrinita de 3 años, tomó uno de mis antiguos celulares empezó a deslizar su pequeño dedito índice de la mano izquierda sobre la pantalla, y al ver que no sucedía nada expresó: «Tío, este teléfono ya no sirve».

Me hizo mucha gracia escucharla. Sin embargo, no podía esperar otra expresión puesto que ella solo había tenido entre sus pequeñas manitas teléfonos táctiles. Eso sucedió a inicios del año 2014.

A esta generación los expertos la llaman la de los «natos digitales». Está formada por niños que apenas empiezan a dar sus primeros pasos ya utilizan de manera extraordinaria las PC, las tablets y los teléfonos móviles, y navegan por internet de manera natural.

Pues bien, te contaré un secreto familiar que ilustra de mejor manera la anécdota anterior. La caricatura favorita de mi sobrinita es «Dora la exploradora». Para verla no necesita estar pendiente de la programación de algún canal de televisión, simplemente se acomoda en cualquier ambiente de la casa, toma el teléfono, navega en YouTube, y se pone a disfrutar su serie favorita.

Quienes han nacido en pleno apogeo de la era digital, de las redes sociales y de las aplicaciones móviles personalizadas, piensan diferente y asumen que todo lo que necesiten en la vida lo encontrarán en la red.

¿Por qué razón? Simplemente, porque han experimentado las maravillas de esta era. En algún momento han realizado compras en línea de videojuegos, de una canción de su artista favorito, un video musical, una prenda de vestir, e inclusive han podido investigar la mayoría de sus tareas del colegio. ¡Todo ello lo encuentran en internet!

Esto es así no solamente para los natos digitales, sino también para una gran inmensidad de jóvenes y adultos que están migrando y aprendiendo de manera acelerada el uso de las nuevas tecnologías, y de todas sus herramientas paralelas.

Varias industrias, tanto de productos como de servicios, están ya adaptadas y otras están en transición al mundo virtual-digital, y están logrando resultados extraordinarios.

Las preguntas que deberías ahora hacerte son:

– ¿Estás preparado para satisfacer la demanda de servicios legales a esta generación?

– ¿Estás preparado para satisfacer la demanda de este segmento de clientes (los natos digitales)?

–¿Será esta la generación de tus presentes y futuros clientes?

La respuesta la tienes tú. Ahora bien, si la respuesta es positiva («sí») tienes una gran probabilidad de ser abogado exitoso. Sin embargo, si la respuesta es negativa debo decirte que estás en graves problemas, ya que la no adaptación a un mundo cambiante supone sepultar el alma de la competitividad.

Hoy en día existe lo que se llama «*analfabetismo digital*», que consiste en la falta de habilidad y conocimiento del uso de las nuevas tecnologías de la información. Este se acentúa mucho más en el gremio de los abogados en el que, aunque hay muy raras excepciones, la situación se agrava por el hecho de que estamos rodeados de una generación de natos digitales, con los que muchas veces el abogado no encaja ya que los natos digitales esperan soluciones digitales, y lamentablemente los abogados no están preparados para responder a esas exigencias.

Ahora bien, la buena noticia es que este libro puede convertirse en tu mejor herramienta para que puedas enfrentar esta crisis de analfabetismo virtual.

¿Qué es el «cliente tridimensional»?

El cliente tridimensional es la persona que a estas alturas ya está adaptada al mundo actual, usa las nuevas tecnologías con mucha facilidad, e interactúa en el mundo virtual de manera natural, realizando muy a menudo todo tipo de transacciones virtuales sin ningún problema.

Es el cliente que está interconectado a través de las redes sociales, y usa con tanta facilidad las nuevas tecnologías que casi todo lo que necesita lo adquiere por internet. Para este tipo de cliente, lo virtual se ha convertido en su mundo real.

Si tú, como abogado, no te adaptas a esa dinámica poco a poco irás perdiendo posibilidades de crecimiento profesional.

¿Cuáles son las ventajas de un «abogado tridimensional»?

Es pertinente reiterar que uno de los gremios de profesionales más conservadores, que más se resiste al cambio, es el de los abogados y notarios. Esto es así porque sus agremiados están muy inmersos preparándose en el campo del derecho, olvidando otras disciplinas que les son importantes para poder competir en este mundo cada día más virtualizado.

Para este mundo digital ya no existen fronteras. Los tediosos y tardados procedimientos para la prestación de servicios legales son cosa del pasado. Nunca antes había sido posible prestar servicios legales con tanta agilidad como hoy en día. Y todo eso gracias a las nuevas tecnologías de la información.

Actualmente existen una variedad de instrumentos tecnológicos que correctamente adaptados a tu despacho Jurídico te ahorrarán muchas horas de trabajo, y harán que tu atención al cliente sea más rápida y precisa.

Sin embargo, algunos no se han atrevido a iniciar el proceso de adaptación por temor a no saber usar las nuevas tecnologías, y otros por no tener la fuente correcta para aprender. La buena noticia es que la tecnología es muy intuitiva, amigable y fácil de usar, y que para hacer un uso adecuado de la misma basta únicamente con dedicarle un poco de tiempo y tener la fuente correcta de información para su aprendizaje.

Este libro te ayuda en el proceso de adaptación.

¿Qué significa «mundo virtual»?

Según el Diccionario de la lengua española, virtual significa: «Que tiene virtud para producir un efecto, aunque no lo produce de presente, frecuentemente en oposición a efectivo o real. Que tiene existencia aparente y no real». En este sentido, la mayoría de cosas que actualmente hacen los seres humanos, utilizando como herramienta indispensable el internet, se han convertido en virtuales, pues no tienen una presencia física aunque sí un efecto «real». Es por esto que la mayor parte del funcionamiento del mundo de hoy en día, que gira alrededor de internet, se ha dado en llamar *mundo virtual*. Así, por ejemplo, virtualmente entramos en una «librería de internet» y adquirimos un libro que queremos leer, o accedemos a una «agencia de viajes» y contratamos el viaje de nuestros sueños. Ambas, la librería y la agencia de viajes «de internet» no tienen una existencia física, pero en ellas podemos hacer las mismas funciones que en «las reales».

Actualmente, las industrias con mayor crecimiento son las industrias de internet. Como ejemplo se pueden mencionar algunas plataformas como GOOGLE, AMAZON, EBAY, CLICKBANK, FACEBOOK, y PAYPAL. Son industrias con un crecimiento sorprendente, que millones de personas alrededor del mundo están usando de manera natural, y para las que se están volviendo en parte de su modo de vida.

¿Qué significa «mundo social»?

Internet ha venido evolucionando de modo que cada vez se ha vuelto más intuitivo, amigable y fácil de usar. Uno de los fenómenos más destacados de la última década de internet han sido el rápido desarrollo y crecimiento de las redes sociales. La mayoría de personas están interactuando a través de una o varias de dichas redes, comunicándose e intercambiando información con millones de usuarios todos los días.

Como ejemplo, citar el caso de la red social más grande del mundo —Facebook—que actualmente cuenta con más de 1,400 millones de usuarios.

El uso de las redes sociales está dando lugar a que la gente esté dejando de usar el correo electrónico y los medios tradicionales como su principal canal de información y de comunicación. Esto es, según algunos expertos, indicativo de que los canales tradicionales de comunicación tienden a desaparecer.

Pero, ¿cuál es la razón de que esto sea así? La razón de ello parece ser porque una red social es mucho más rápida a la hora de enviar y recibir información, de modo que hoy en día la gran mayoría de usuarios envía archivos, imágenes, audios, videos, mensajes de texto y de voz, todo por redes sociales.

Este es el «mundo social», en el que las personas están interconectadas, compartiendo información de una manera impresionante, las 24 horas del día. Millones de dólares circulan en transacciones comerciales a través de redes sociales todos los días. Las redes sociales han venido para quedarse, y la tendencia de su crecimiento es exponencial.

¿Qué es el «mundo digital»?

De forma sencilla se podría decir que el mundo digital es el mundo físico capturado y almacenado en soportes magnéticos. Ejemplos de objetos pertenecientes a este «mundo digital» serían los documentos escaneados de libros, expedientes judiciales, imágenes, etc., que están almacenados en distintos dispositivos.

Dentro del contexto del tema que estamos desarrollando, el mundo digital es también un mundo cambiante y móvil. Así, por ejemplo, en el tiempo que llevo dedicado a escribir este libro, mi perfil personal de Facebook cuenta ya con alrededor de 2,000 amigos, de los cuales unos meses atrás el 98% estaba conectado desde una PC, y sorprendentemente hoy en día apenas el 2% de ellos está conectado desde una PC, mientras que el 98% está conectado desde un dispositivo móvil.

Es decir, hasta hace poco las personas «para estar conectadas» necesitaban estar en su casa o su trabajo, encender su PC y conectarse a internet, para así poder navegar. En cambio, el día de hoy esto ya no es así. Casi todo el mundo se conecta a través de teléfonos móviles o de cualquier dispositivo que pueden llevar en la palma de su mano, y lo hacen desde cualquier lugar, a cualquier hora, sin ningún problema.

Los usuarios se conectan cuando están en casa, cuando van en auto, estando en el colegio o en la universidad, cuando están de paseo, etc. Es decir, *«el mundo hoy en día está conectado permanentemente»*, de tal modo que la vida de millones de personas gira alrededor de un teléfono móvil.

Las preguntas que anteriormente nos hemos formulado las podemos plantear ahora así:

«¿Podrá un abogado tradicional satisfacer las exigencias de un mundo virtual, social y digital?»

Alguien podrá decir que «sí», porque tiene una cuenta en Facebook —u otra red social—, usa el internet y también tiene un teléfono inteligente («smart phone»). Bien, muy bien. Eso es un buen comienzo, pero no lo es todo. El punto no radica tanto en que si estás inmerso en este mundo tridimensional, sino en si estás usando de manera adecuada todas esas herramientas para satisfacer la demanda del mundo digital.

Pues bien, en este libro te mostraré como usar de manera adecuada todas las herramientas de las que dispones y, además, te indicaré cuales de ellas son las más adecuadas para la prestación de tus servicios legales.

CAPÍTULO III

¿Cómo lograr que tus potenciales clientes prefieran tus servicios jurídicos por encima de la competencia?

Como ya he mencionado previamente, el número de abogados crece de manera acelerada en la mayoría de los países. Esto se traduce en una aumento desmesurado de la oferta de servicios legales.

Desafortunadamente dicha sobre oferta no se ha manejado de manera adecuada, por lo que se ha caído en lo que los expertos llaman «una guerra de precios». Además, los servicios legales en sí y, en concreto, los abogados que los prestan se han convertido en una especie de «commodities» —materia prima—, que no cuenta con ningún tipo de diferenciación con respecto a sus colegas, teniendo todos el mismo precio y calidad. Lo más preocupante de todo es que ha habido una nivelación de precios, desde el mínimo hacia bajo, que ha derivado en una desmedida competencia desleal, consiste en bajar de manera paulatina el coste de los honorarios, degradando con ello la profesión de abogado.

Sin embargo, cuando los servicios que prestas tienen una propuesta única de valor, con elementos de diferenciación bien pronunciados, puedes asignar los honorarios que desees, y como no los encontrarán en otro lado, tus clientes pagarán sin ninguna objeción.

Muchos abogados creen que la única forma de competir es bajando el coste a los honorarios. Esto NO es así. Las personas valoran cada aspecto de manera diferente y, si bien es cierto que existen muchos clientes sensibles al precio, la gran mayoría aprecia otros aspectos. Por lo tanto, es una mala estrategia bajar los precios porque sí, ya que hacerlo no solo afecta a quien los baja sino también a todos los agremiados.

Para abordar este tema necesitamos conocer con detalle dos aspectos de los que casi no se habla dentro del gremio de abogados. Aspectos que tienen que ver con el **Marketing Jurídico** y que abordaré a continuación:

– Atributos del servicio.

– Valor del servicio.

Es importante mencionar que el gremio de abogados y de notarios aparte de tener un código de ética profesional, también tienen fijado un arancel por el que se establece cual debería ser el valor mínimo para la prestación de sus servicios jurídicos. Sin embargo, es lamentable que en muchos países este no se respete debido a la abundante oferta, la cual ha desatado una guerra de precios, de modo que son pocos los colegas que respetan dicho arancel, y por consiguiente dicho código.

A lo largo de este capítulo quiero sugerirte una forma diferente de actuar que toma en cuenta que no todos los clientes buscan precios bajos. Así, una vez que conozcas que es lo que realmente valoran los clientes, podrás tener otras estrategias para fijar los precios, e incluso hacer que estén por encima de lo que se establece en los aranceles.

¿Cuáles son los atributos de los servicios jurídicos?

Todo producto o servicio, sin importar la envergadura de la empresa, tiene 3 atributos que los expertos llaman atributos de diferenciación:

Atributos funcionales. Tienen que ver con el servicio en sí mismo. Por ejemplo: Constituir una sociedad mercantil,

Atributo emocional. Tienen que ver con quien presta el servicio. Es decir, cualquier abogado puede constituir una sociedad mercantil. Sin embargo, para muchos clientes sí que importa quien es el profesional que se lo hace, su marca personal, su fama, su prestigio, e inclusive su ubicación geográfica.

Atributo de relación. Tienen que ver con los servicios de preventa y postventa: si hay o no garantía, la disponibilidad del profesional —a cualquier hora del día—, la inmediatez de la prestación del servicio, etc.

¿Cómo determina el cliente el valor del servicio?

La gráfica mostrada a continuación ilustra de forma resumida cómo funciona el cerebro del cliente en el momento de tomar la decisión de sacar la billetera para pagar por el precio del servicio.

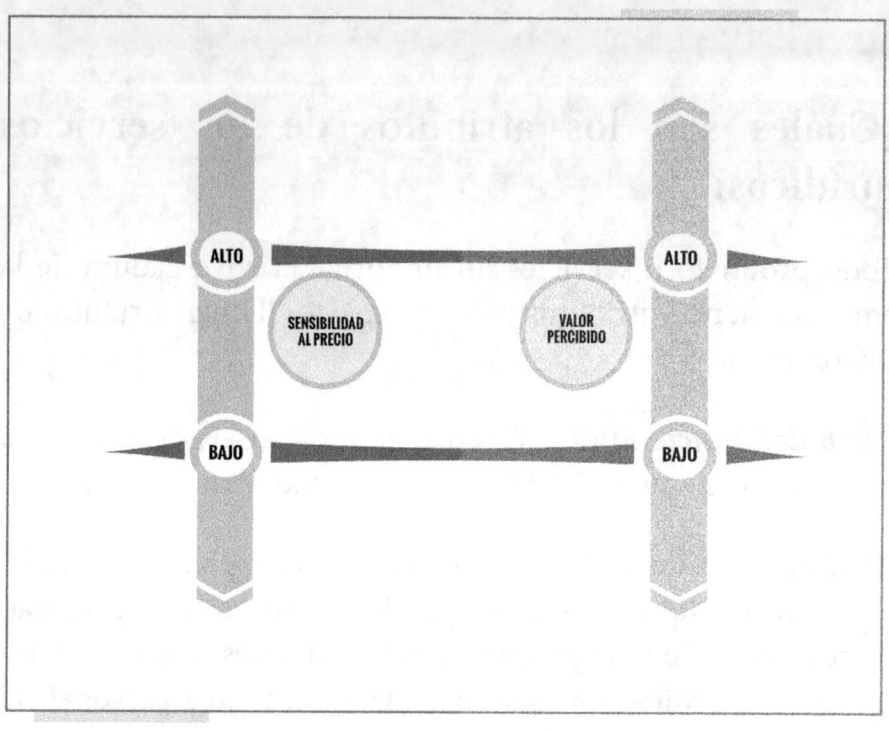

¿Quiénes son los clientes más sensibles al precio?

Son aquellas personas que toman muy en cuenta el coste del servicio. Para estos clientes es importante adquirir productos y/o servicios al menor precio posible. Para este tipo de personas precio bajo es sinónimo de «con este me quedo».

¿Qué es el valor percibido y de qué manera influye en la mente del cliente para tomar la decisión de compra?

Antes de responder esta pregunta es importante mencionar que no son sinónimos COSTE, VALOR Y PRECIO.

El coste, en términos sencillos, lo constituye la cantidad de dinero que se invierte —materia prima, mano de obra, etc.— en la producción de un producto o en la prestación de un servicio.

El precio lo constituye la cantidad de dinero invertido en la producción del producto o servicios, más el margen de ganancia.

El valor de un servicio o producto se deriva de la percepción del cliente. Así, por ejemplo, una antigüedad en manos de un abogado no tiene el mismo valor que pueda tener en manos de un arqueólogo. Sin ir más allá, yo no pagaría más de $500 por un cuadro de *da Vinci*, mientras que un pintor moderno pagaría miles y hasta millones de dólares.

¿En dónde radica, pues, la diferencia? En la percepción: el valor lo asigna el mismo cliente.

Para los clientes con alto grado de valor percibido no es tan relevante el precio o coste de tus honorarios. Esto lo podemos ver en cualquier industria: unos —sin importar si tienen o no mucho dinero— se quedan con quien les da el mejor precio, y a otros no les importa tanto este.

Ejemplo de esto los tenemos en nuestros amigos o familiares. A algunos les gusta vestir prendas de marcas prestigiosas, y no les importa si la misma prenda la pueden encontrar por un precio menor en el mercado de la esquina. Para ellos el precio no es lo importante, lo es la marca.

Otros terminan comprando en el lugar en donde son mejor atendidos. La amabilidad, si les sonríen, y si les atienden bien hacen que se sientan como reyes. Para este segmento de clientes la marca y el precio no es tan relevante, lo es más la experiencia vivida en el momento de comprar —esto es lo que los expertos llaman marketing de experiencias—.

Del análisis de los ejemplos anteriores podemos concluir que unos clientes valoran unas cosas mientras otros valoran otras. Por lo tanto, bajar el precio de los honorarios por la prestación de servicios legales es un error. Por ello, para no caer en esa trampa el primer paso es conocer a tu cliente.

Para ello, como ya hemos indicado en el capítulo I, hay que enfocarse en un nicho de mercado específico, y luego conocer a tu competencia, esa que se está enfocando en el mismo nicho de mercado. A partir de ahí se debe construir tu propuesta de valor. Y, finalmente, una vez hayas hecho esto podrás asignarle el precio a tus honorarios

Es claro que en la práctica esto no es nada fácil, pero empezar a considerarlo ya es un buen primer paso.

¿Cómo percibe el potencial cliente el precio de honorarios de un abogado?

Un aspecto importante a tener en cuenta es que el precio de tus honorarios dice mucho de ti. Para algunos clientes PRECIOS BAJOS ES SINÓNIMO DE MALA CALIDAD. Aunque esto no sea necesariamente así, eso es lo que percibe el cliente. Por el contrario, para otros clientes PRECIOS ALTOS ES SINÓNIMO DE BUENA CALIDAD.

Después de haber elegido tu nicho de mercado y creado tu propuesta única de valor, quizás sea necesario modificar el precio de tus honorarios, tomando como referencia los precios que maneja tu competencia directa.

Lo más importante de todo esto es que te tomes el tiempo necesario para crear tu propuesta única de valor ya que, una vez la hayas logrado encontrar, podrás fijar con toda libertad los precios que desees. No obstante deberás tener en cuenta que eso deberá significar que ninguno de tu competencia ofrezca lo mismo que tú, es decir, que no solo tienes elementos diferenciadores muy grandes, sino que también nadie presta los mismos servicios como tú.

Yo no puedo sugerirte los precios concretos que debes implementar porque no conozco exactamente cual es tu nicho de mercado. Sin embargo, espero que esta pequeña explicación te ayude a implementar nuevas estrategias para fijar los precios por tus servicios.

¿Cuál es la estrategia para que un abogado se convierta en un imán para su nicho de mercado?

Seamos realistas. Todos sabemos que hay muchos abogados que están apuntando a nuestro mismo nicho de marcado, y que para ser competitivo necesitamos contar con la estrategia correcta que nos permita poder destacar de los demás.

Además, es bien cierto que muchas personas tienen ya definido su abogado de confianza. Sin embargo, no debes olvidar que **todos los días nace un nuevo cliente**, y que es ahí en donde tú, como profesional nuevo, debes de empezar a tomar protagonismo y ventaja.

¿Cuáles serán los elementos estratégicos de éxito que te ayudarán a tomar ventaja?

Una de las estrategias que están usando la mayoría de industrias, tanto si comercializan productos como servicios, es lo que se denomina **MARKETING DE CONTENIDO DE VALOR**.

¿En qué consiste el marketing de contenido de valor, y como puede implementarse en la prestación de servicios legales?

Muchas empresas alrededor del mundo tienen muy clara esta estrategia y la han estado implementando con mucho éxito.

En lugar de proporcionar una definición voy a ponerte una serie de ejemplos para ilustrar de que se trata:

– En la industria hotelera se ofrecen noches gratuitas a sus potenciales clientes para que conozcan los hoteles. La intención es generar una inolvidable experiencia en los futuros posibles clientes.

– La industria farmacéutica obsequia gratuitamente con muestras médicas.

– Las empresas de bebidas fermentadas da gratuitamente a probar una copita.

– Las empresas que desarrollan software obsequian con 30 días de prueba, etc.

La pregunta que nos planteamos ahora es:

«¿Cómo puede un abogado implementar un plan de marketing de contenido de valor?»

Para responder a ello debemos primeramente tener en cuenta que los servicios legales se están democratizando cada vez más. La gente puede acceder a información sin necesidad de salir de su casa, para ello les basta con buscar un tema concreto en Google.

Entonces, ¿qué deberías hacer tú para procurar estar pasos adelante de tu competencia, implementando un plan de marketing de contenido de valor? ¿En qué consistiría este?

El marketing de contenido de valor consiste en entregar a tu nicho de mercado una prueba de lo que tú sabes hacer, y que le proporcione información valiosa sobre la utilidad de tus servicios.

Existen diferentes herramientas que puedes usar para transmitir y mostrar los servicios que prestas tales como los videos, infografías, y audios. En ellos puedes desarrollar un tema en particular, procurando que sea práctico y, sobre todo, que sea de gran utilidad a tu nicho de mercado.

Todos sabemos que los seres humanos por naturaleza somos agradecidos, y que desarrollamos empatía inmediata con las personas que se preocupan de nosotros. Por ello, si entregas contenido de valor a tu nicho de mercado tendrás un alto grado de posibilidades de que se conviertan en tus clientes.

Pero, ¿qué puedes hacer?

Hay muchas cosas que se pueden hacer. Así, por ejemplo, si tu nicho de mercado lo constituyen personas que planean divorciarse, y quieres posicionarte como referente en la mente de ellos, puedes hacer un video corto —de 1 a 5 minutos— que bien se podría titular: «Abogado experto explica como lograr divorciarte de tu cónyuge aunque no esté de acuerdo».

Por razones obvias, si alguien está pensando en divorciarse procurará ver tu video, ya que la información brindada en él pude serle muy valiosa. Esta es una forma posible para atraer a los clientes de tu nicho de mercado. Los efectos de esa estrategia son poderosos, ya que incluso sin que se lo pidas, esa persona que ve tu video lo compartirá con algún amigo o conocido que sepa que también está con planes de divorcio.

Pongamos otro ejemplo. Asumiendo que tu nicho de mercado sean emprendedores que buscan inscribir una marca en el Registro de la Propiedad intelectual, podrías crear contenido de valor con un título como este: «Abogado experto explica a emprendedores cuáles son los requisitos para inscribir una marca».

Quizás estés pensando: «Sí, he hecho los videos. ¿Pero cómo los hago accesibles a mi nicho de mercado?». Para ello es necesario contar con una cuenta en YouTube, en la que subir los videos. Además también deberás aprender como editarlos. Si quieres información detallada de cómo abrir una cuenta en YouTube y de cómo editar tus videos puedes ingresar en www.miabogadoexperto.com/youtube y www.miabogadoexperto.com/editar.

Aparte de los videos, ya creas o no que tienes talento para ellos, puedes escribir un artículo con el mismo contenido y publicarlo en tu página web o en las redes sociales. Sin embargo, los videos tienen un poder de comunicación más grande, pudiendo en muchas ocasiones llegar a viralizarse y alcanzar a mucha gente en corto período de tiempo

Esta estrategia debes implementarla muy a menudo. De esta forma tu nicho de mercado estará pendiente de ti, al saber que publicas contenido de valor.

El contenido debe ser claro y sin rodeos. Al final de cada explicación debes dejar un enlace o número de teléfono para que los clientes se pongan en contacto contigo, y así poder brindarles asesoría personalizada.

Nunca escribas un artículo ni produzcas un video sin ponerte a disposición de tu nicho de mercado. Además, cada vez que lo hagas pídele que comparta la información con sus familiares o amigos. La llamada a la acción es importante, ya que el cerebro tiende ser perezoso y está acostumbrado a recibir instrucciones claras para poder actuar.

Si una persona nunca ha visitado un abogado, o si aún no tiene su abogado de confianza, ¿a quién crees que preferirá cuando lo necesite? ¿A ti que le has brindado contenido de valor, o a alguien de quien no ha recibido nada?

Es importante tomar en cuenta que el contenido de valor que crees debe girar alrededor de lo que demanda tu nicho de mercado. Además, es importante que tengas en cuenta que si quieres posicionarte como experto en tu nicho de mercado *«el contenido de valor que publiques debe ser de tu propia autoría»*. Si solo compartes el contenido de un tercero, estarás posicionándole a él y no a ti.

Ahora bien, podrías argumentar: «Pero, es que no cuento con el conocimiento ni las herramientas para realizar el Marketing de Contenido de valor». Bueno, quizás tengas razón. Pero solo necesitas unas herramientas básicas —cámara web, micrófono, iluminación adecuada, programa para editar videos y una PC con capacidad promedio— para poder realizarlo sin ningún problema.

Por otro lado, si eres de los que no les gusta complicarse, y prefieres evitar todo este proceso, puedes ir al último capítulo del libro. Ahí te brindo un enlace en el que pongo a tu disposición toda una infraestructura tecnológica para tu despacho. También podrás crear todo el contenido de valor que quieras, sin tener ningún tipo de conocimiento, y sin que te sea indispensable contar con todas las herramientas.

O puedes ingresar directamente en estos momentos, a través del siguiente enlace: http://miabogadoexperto.com/tecnologia/

CAPÍTULO IV

Despacho jurídico tradicional vs. despacho jurídico virtual

¿Es funcional un despacho jurídico tradicional en la era Virtual?

Hasta hace pocos años, el abogado necesitaba estar físicamente en su despacho jurídico para atender a sus clientes. Además, solo ahí —en la oficina— podía revisar los documentos, redactarlos y editarlos, etc.

Sin embargo, hoy en día, salvo raras excepciones y por la naturaleza de la prestación del servicio concreto, ya no es indispensable la presencia física del abogado en su despacho para que pueda atender a un cliente.

¿Por qué razón es esto así? Antes había varias causas que obligaban al abogado a estar en su despacho: allí tenía los libros de leyes, la máquina de escribir, la computadora y, sumado a eso, el cliente que esperaba en el despacho para poder entrevistarse y tener el primer acercamiento con él. Hoy en día, a medida que el mundo se ha virtualizado, lo tradicional está desapareciendo, y la mayoría de servicios se puede brindar de manera virtual.

¿Qué es, pues, lo que está sepultando lentamente la forma de prestación de servicios legales tradicional? La respuesta es sencilla: «EL MUNDO VIRTUAL».

Como hice notar en el capítulo sobre el cliente tridimensional, por lo general, los clientes actuales no están buscando despachos tradicionales. Esto no significa que no haya clientes tradicionales, por supuesto que sí, sino que cada día son más numerosos los clientes tridimensionales. Y, al igual que la tendencia indica que en un plazo corto estos clientes tradicionales desaparecerán, también los abogados tradicionales irán desapareciendo. No quiero decir que los abogados tradicionales en sí estén desapareciendo, sino que la forma tradicional de prestación de los servicios legales está desapareciendo, y por tanto estos deben adaptarse ya que cada vez encajan menos en las nuevas formas de prestar servicios.

¿En qué consiste un despacho Jurídico Virtual?

Antes de abordar este tema, es importante resaltar que es falsa la creencia de que contar con una página web y/o tener presencia en redes sociales hace que tu despacho sea virtual, y te convierte en un abogado en línea. Ni mucho menos. Esta creencia es la razón por la que cuando se habla de los grandes beneficios de contar con un despacho virtual muchos muestren desilusión, al no saber utilizar las herramientas tecnológicas y de información para elevar el nivel de su éxito profesional.

Uno de los errores fundamentales que la gran mayoría de abogados cometen es aparecer en la red como abogado en línea, cuando lo único que tienen es una página web con informaciones sobre su despacho tales como su misión, visión, objetivos, valores, especialidad, etc. Esta información suele ser irrelevante para la persona que ingresa a la página web ya que ¿a quién le interesa saber cuál es la visión de tu despacho? Y lo que es peor aún, el único canal de comunicación que se ofrece al cliente en la página es normalmente un formulario en el que habitualmente se incluyen los campos para indicar la duda o problema que se tiene, con la esperanza de que en las siguientes 24 horas se pongan en contacto con él. El colmo de esto es que la respuesta a ese cliente, angustiado por su problema, no suele llegar hasta transcurridos de tres a quince días, o incluso en muchos de los casos nunca reciben la ansiada respuesta.

Esta situación es semejante a la de que un potencial cliente o un cliente ya consolidado llegue a tocar la puerta de tu despacho físico y nunca te encuentre ahí, o incluso no le abras la puerta.

Entonces ¿qué es un despacho virtual?

No daré una definición de despacho virtual, en su lugar explicaré en qué consiste y cuáles son los elementos de que se compone.

Es importante aclarar que actualmente son muy pocos los despachos 100% virtuales, y que solo algunos pocos cuentan con algunos elementos virtuales. Sin embargo, poco a poco se van introduciendo las nuevas herramientas de virtualización.

Como ya he indicado, no pretendo dar una definición de despacho virtual, más bien indicar en qué consiste. Un despacho virtual está formado por una gran infraestructura basada en las nuevas tecnologías de la información, y que cuenta con herramientas virtuales y tecnológicas que sustituyen a las herramientas físicas de un despacho físico. En la siguiente tabla se muestran las herramientas utilizadas en el despacho tradicional y las correspondientes para el despacho virtual.

DESPACHO TRADICIONAL	DESPACHO VIRTUAL
Oficina Física	PC, Tablet, Teléfono Móvil
Recepción	Redes sociales
Secretaria	Agenda electrónica, aplicación móvil
Procurador	Servicios en línea de Juzgados, Registros y otras entidades
Rótulo Publicitario	Banner virtual (en página web, redes sociales)
Tarjeta de presentación impresas	Tarjeta de presentación digital
Sala de reuniones física	Sala de reuniones virtual
Dirección comercial	Dominio de página web
Archivo	Expedientes en la nube, hosting
Libros físicos	Libros electrónicos
Leyes impresas	Leyes digitalizadas electrónicamente
Expedientes	Documentos de software
Carpetas físicas	Carpetas electrónicas
Lapiceros	Teclado electrónico
Hojas de papel	Bloc de notas electrónico
Sistema de cobro presencial	Pasarela de pagos (paypal), o transferencias electrónicas

Por cuestión de espacio no explicaré cada uno de los elementos anteriores. No obstante, en los siguientes capítulos de este libro se encuentran incluidos enlaces a los que deberías ingresar para saber cuáles son cada una de esas herramientas, y cómo usarlas.

El abogado y las redes sociales

¿Cuál es la red social más adecuada para un despacho de abogados?

Existen decenas de redes sociales pero en lo que a prestación de servicios legales se refiere no existe una mejor que otra, ya que esto dependerá del nicho de mercado que hayas elegido.

Las redes sociales más populares son Facebook, Youtube, Twitter, Linkedin, Google+, Pinterest e Instagram. La popularidad de cada una de ellas varía de un país a otro.

Cada una de las redes sociales apunta a un diferente nicho de mercado. De entre ellas, Linkedin está enfocada a usuarios profesionales y empresarios. Entonces, ¿le convendría a un abogado estar en esta red? La respuesta depende de que es lo que pretenda el abogado. Si, por ejemplo, lo que quiere es brindar asesoría a empresas y/o a profesionales, esta sería la red social más adecuada.

Por su lado, Facebook es una red más generalista y que abarca un grupo etario mayor compuesto por usuarios de diferentes edades, intereses y necesidades. Esta es mi red social favorita, ya que en ella puedo llegar a varios nichos de mercado, para lo que me basta solamente con poder realizar una buena campaña de marketing por Facebook.

El punto crítico en el tema de las redes sociales no radica tanto en que red social es más beneficioso estar, sino más bien ¿en qué red social se encuentra el mayor número de tus potenciales clientes? La respuesta a esta pregunta estará determinada por el nicho de mercado que hayas elegido y, lo que es mucho más importante aún, en cómo llegar a ese nicho de mercado.

¿Cómo debe usar un abogado las Redes Sociales a su favor?

Esta pregunta pudiera sugerir una respuesta demasiada obvia. Sin embargo, si las redes sociales no se usan de manera adecuada podrían ser perjudiciales para el abogado.

Necesito que te concentres en esta historia y que me ayudes a emitir un juicio al respecto.

Jorge, un joven emprendedor, llegó con su novia Alejandra al despacho jurídico del abogado Manuel. Ambos estaban emocionados ya que planeaban un negocio, y por ello querían asesoría para constituir una sociedad mercantil.

Se acercaron al despacho del abogado Manuel. Al llegar a la dirección referida, se aproximaron a la puerta. Era un despacho muy peculiar puesto que en la pared de la parte de afuera estaban colgadas fotografías de futbolistas famosos. Los potenciales clientes pensaron que quizá alguien en son de broma pasó a colgar allí dichas fotografías.

Avanzaron, y al entrar vieron a la secretaria besándose con un caballero. Ellos supusieron que era su novio.

Jorge y su novia Alejandra (potenciales clientes) estaban un poco sorprendidos, por lo que preguntaron directamente por el abogado Manuel. La secretaria los hizo pasar donde estaba el abogado. Pero ¿sabes cuál fue la mayor sorpresa que se llevaron estos potenciales clientes?

Pues que al asomarse a la puerta del despacho vieron al abogado, vestido de manera inadecuada y con modales no acordes a la profesión El abogado vestía una pantaloneta, no tenía camisa ni zapatos. Pero eso no era todo, ya que la pared estaba tapizada con fotografías de bebes recién nacidos, mujeres en biquini y hasta textos de la Biblia.

¿Cuál crees que fue la reacción de Jorge y su novia Alejandra?

O mejor aún, te cambio la pregunta: «¿Cuál habría sido tu reacción si hubierais sido tú y tu novio(a) o esposo(a), quienes llegaran a ese despacho?

Estoy seguro de que habríais hecho lo mismo que Jorge y su novia Alejandra: salir del despacho y no volver nunca más.

Es posible que estés pensando que: «¡Se necesita estar loco para tener un despacho jurídico, abrirlo y atenderlo con tal desorden y proyectando tal imagen!». Claro que sí, tienes razón. Solo alguien que no esté en su sano juicio haría eso. Sin embargo, déjame decirte que: «Esa es la imagen que la mayoría de abogados están proyectando al NO USAR DE MANERA ADECUADA las redes sociales.

Entonces, ¿qué es lo que ve una persona que por invitación o casualidad visita tu perfil en Facebook? ¿Ve al abogado serio, profesional, moral y ético, o ve algo similar al abogado de la historia?

Muchos abogados en su foto de perfil tienen la imagen de un gatito, un perro, una rosa roja, un león, un ave, mientras que otros tienen el logotipo de su equipo de futbol, de su partido político favorito, etc.

Además de lo anterior, en la portada del perfil también tienen imágenes similares. Y si analizamos las publicaciones que realizan en su muro o en las que les etiquetan encontraremos imágenes de animales, etc., y hasta fotografías de ellos con grupos de amigos con cervezas en la mano, etc.

Quienes no los conozcan nunca pensarían que son abogados, y pierden con ello la oportunidad para crear su marca profesional. Por su parte, quienes los conocen y saben que son abogados nunca los tomarán en serio, y perderán así también la oportunidad de construir su imagen profesional.

¿Qué acciones debe tomar un abogado para Proyectar una imagen profesional a través de las redes sociales?

Estoy seguro de que tu red de amigos sobrepasa los 150, pero quizás apenas solo unas 50 personas hayan visitado tu despacho físico. Eso significa que tienes la posibilidad de captar más clientes por las redes sociales que a través de tu despacho físico. La clave para lograrlo está en saber usar las redes sociales a tu favor.

La imagen que proyectas en redes sociales es de suma importancia, y si en ellas no muestras orden, profesionalidad y seriedad, por asociación creerán que te comportarás de igual forma en tu despacho físico.

Es por ello que toma seria relevancia usar las redes sociales adecuadamente a tu favor. A continuación te mostraré qué acciones debes tomar urgentemente para depurar y mejorar tu imagen profesional en las redes sociales.

Separa tu vida personal de la profesional

Uno de los errores más grandes que puedes cometer es usar el perfil personal que siempre has tenido como plataforma para promoverte como abogado. Si lo haces de esa manera, aparte de ir perdiendo imagen con tus amigos y conocidos, será imposible que encuentres nuevos clientes puesto que al visitarte no sabrán si están ante un abogado, ante un novio enamorado, un futbolista, un activista, un líder religioso, etc., ya que esa es la imagen que a cerca de ti proyectarán las fotografías que vean en tu perfil, y al ver imágenes de diversos escenarios y con diversas personas lo único que lograrás es que no te tomen en serio.

Lo anterior no significa que no puedas bajo ninguna circunstancia usar tu perfil personal para promocionarte como abogado; claro que puedes hacerlo, pero debes tomar muy en serio el hecho de ir depurando las imágenes y la información que publicas en tu muro, para así, poco a poco, ir realizando esa metamorfosis virtual.

Mi consejo es, si vas a usar tu perfil personal para promocionarte, que no publiques cualquier cosa, que evites hablar de política, religión, futbol y otros temas que puedan llegar a hacerse controversiales, ya que con ello lo único que puedes ganar es la desaprobación de quienes piensan diferente a ti.

Lo ideal es contar con un perfil y/o una página de Facebook exclusiva para promocionar tu despacho Jurídico, e ir llevando poco a poco a tus amigos y conocidos a la misma, con la intención que se vayan acostumbrando a verte como un profesional del derecho. Quizá puedas objetar: «¿Pero si mis amigos saben que soy profesional?». Y yo te pregunto ahora: «¿Son clientes tuyos la mayoría de tus amigos?». Si la respuesta es que no, deberá ser por algo. ¿No?

También es importante mencionar que debes cuidar que otros no etiqueten cosas de las que hemos hablado, que puedan afectar a tu imagen. Todos los días tendrás que vigilar, por lo menos tres veces, qué es lo que han etiquetado en tu muro, y si es algo que no contribuye a proyectar una imagen profesional seria, lo prudente sería eliminar la etiqueta.

Una red social profesional es como un jardín, hay que invertirle tiempo y darle mantenimiento para que no se marchite, ni salgan malas hierbas.

Separa tu vida profesional de la religiosa.

La mayoría de abogados tienen ciertas creencias religiosas, no obstante, en cuanto al mercadeo se refiere, se comete un serio error al no separar la vida profesional de la religiosa.

Generalmente, las personas desarrollan cierta empatía con quienes tienen las mismas creencias, pero si abiertamente usas tu perfil profesional para promover, argumentar, defender o incluso atacar un credo, seguramente muchos que creen en algo diferente se pondrán en tu contra. Con ello crearás una barrera entre ti y tus potenciales clientes, reduciendo las posibilidades de ser contratado por aquellos que no tiene tus mismas creencias.

La cosa sería distinta si decides enfocarte a atender un nicho de clientes de tu misma religión.

Con lo anterior no te estoy diciendo que escondas tus creencias, sino que hay que ubicar cada cosa en su lugar. Para ello lo adecuado es crear un perfil en el que des a conocer tus creencias —si eso te interesa—, pero que lo tengas totalmente separado de tu vida profesional. Para tus creencias religiosas puedes usar

como mejor alternativa tu perfil personal, que en todo caso se adecuaría para este fin más que tu perfil profesional.

Procura también no mezclar ni tu ideología política, ni preferencias deportivas con tu vida profesional, ya que estas son dos temas que muchas veces suelen llevar hasta enfrentamientos verbales y agresiones físicas. El no hacerlo así te podrá situar frente a un potencial cliente —demasiado fanático—, el cual es posible que no requiera tus servicios jurídicos al ver publicado en tu perfil profesional que apoyas a un partido político o equipo de futbol contrarios a los suyos.

Es increíble, pero cierto, que eso pueda jugar en tu contra, y por ello mi recomendación es que aprendas a separar tu vida profesional de todas las demás actividades personales.

En el siguiente enlace te mostraré, paso a paso, como crear tu página de Facebook profesional, ya que es en esta red social en donde más se acentúan estos errores: www.miabogadoexperto.com/fanpage.

Es importante aclarar que el impacto en la percepción de tus amigos en la red será menor que el que provocará en quienes no te conocen. Lo ideal es que vayas poco a poco adentrándoles a tu «fan page» profesional, para que empiecen a percibirte y verte como un profesional del derecho y no únicamente como su amigo.

¿Cuál es la importancia de que un despacho de abogados cuente con una página web?

Uno de los aspectos más importante de contar con una página web es que esta te da presencia en la red, y permite que puedas ser encontrado por tus potenciales clientes. La mayoría de personas usan Google para la búsqueda de información y, por ello, quien no aparece ahí, en sus listados, simplemente no existe para la mente del usuario.

La página web debe ser simple, sin tanto adorno, con la información básica, ya que esta es únicamente un pequeño elemento de un despacho virtual.

Uno de los errores frecuentes de las páginas web es que están saturadas de información, con letra tan pequeña que desincentiva al cerebro el poder leerla.

Un aspecto importante a tener en cuenta a la hora de diseñar nuestra página web es saber que la gran mayoría de personas ingresan a internet desde un dispositivo móvil. Por lo tanto, nuestra web debe ser una web Responsive, es decir, que pueda visualizarse y adaptarse correctamente al tamaño de la pantalla de cualquier dispositivo —móvil, Tablet, pc, etc.—, pues de no ser así, si es una «página web normal», no podrá verse fácilmente desde dispositivos pequeños, dificultando a sus usuarios que puedan contactar contigo.

¿Cuáles son los beneficios de contar con página web en un despacho de abogados?

Beneficios

– Proyectará tu imagen.

- Aparecerás en los motores de búsqueda de Google.

- Brindará información a los clientes y potenciales clientes, las 24 horas del día, los 365 días del año.

- Podrás brindar información mientras duermes.

- Podrás proporcionar servicios legales online.

- Podrás recibir pago de honorarios online, etc.

¿Cuáles son las desventajas de contar con una página web?

Tener una web en sí no representa ninguna desventaja, más bien hay ciertos factores que pueden afectar a sus beneficios, y que enlistaré a continuación:

- Nombre de dominio inadecuado.

- Diseño poco intuitivo.

- Tamaño de letras inadecuados al dispositivo de donde se acceda.

- Dejar formulario para recibir preguntas y no darles respuesta de manera inmediata.

- Que el consultante te pregunte algo y no te encuentre en línea, etc —la página debería ser interactiva—.

¿Cuáles son las herramientas básicas para lanzar una página web de un despacho jurídico?

Para diseñar y programar una página web se necesitan varios elementos que son solo accesibles a los expertos. Por ello, no explicaré como hacer una página web, puesto que asumo que la mayoría de abogados no tienen el tiempo para aprender a realizarla. Únicamente me centraré en resaltar aquellos elementos básicos para que tu página sea exitosa, ya que lo ideal es contratar a un experto.

¿En qué consiste un Dominio?

Trataré de explicar en que consiste un dominio, y no desarrollar una definición precisa, puesto que una definición técnica no ayudaría en nada. El dominio es el nombre que identifica en internet a una página web. Un ejemplo podría ser www. licgarcia.com.

¿Cómo elegir un nombre de dominio adecuado para un despacho de abogados?

El nombre del dominio hay que elegirlo tomando en cuenta varios aspectos para que sea exitoso. No se trata de elegirlo únicamente porque te parezca bonito, hay que hacerlo de manera estratégica.

Usaré el nombre de uno de mis dominios como ejemplo de en que consiste hacerlo de manera estratégica.

El nombre de uno de ellos es: www.licgarcia.com

Mi nombre es UBER GARCÍA, y en un momento quise usarlo como dominio. El problema es que el nombre www.ubergarcia.com tiene algunas desventajas, ya que al pronunciarlo por radio o tv tiende a confusión. ¿Por qué razón? Porque el nombre UBER se escribe de muchas maneras: algunos la escriben con H —Huber—, otros lo escriben con V —Uver—, otros Huver. Esto podría en algún momento prestarse a confusiones, por lo que no era buena idea usar mi primer nombre.

También tomé en cuenta el hecho que no existiera un dominio parecido al mío.

Otro elemento a considerar es que no sea un nombre demasiado largo, procurando que sea fácil de memorizar y escribir.

Ahora bien, una de las ventajas de contratar un dominio con nombre largo es que entre más largo sea el mismo menos dinero pagarás por él.

¿Cuál es el coste de un dominio?

Hay nombres de dominio desde $7 hasta $50,000.00 anuales. El precio depende del número de letras que tenga y/o de qué parecido sea a uno de alguna página famosa. Lo recomendable es que escojas el nombre de dominio que se ajuste a tu presupuesto, y que sea con el que te vas a posesionar.

Algunos prefieren posicionar su nombre, otros la solución jurídica que brindan, otros posicionarse en algún sector que representa su nicho de mercado, otros el nombre de su despacho.

Lo ideal es tener uno con tu nombre —para crear marca personal—, otro para el sector que atiendes —con el objetivo que otros lo atiendan en caso de tu ausencia, sin que afecte la percepción del cliente—. Además, debes tener otro que describa la solución Jurídica que brindas. Lo ideal es tener todos ellos, pero puedes implementarlos paulatinamente. Lo importante es comenzar con uno.

Por ejemplo yo estoy posicionándome como www.licgarcia. com y también con los servicios en particular que brindo: www. estoydespedido.com. Esta última web está dirigida a brindar asesoría y consultoría a trabajadores que han sido despedidos injustamente.

Cuento también con plataformas que atienden sectores diferentes. Una de ellas se llama www.solegua.com, la cual está enfocada a brindar asesoría legal a guatemaltecos que residen en Estados Unidos de Norte América. Este nicho representa un mercado relativamente grande ya que a la fecha residen alrededor de dos millones de guatemaltecos en dicho país.

También tengo una plataforma para atender a un sector muy importante en mi país, como son las pequeñas y medianas empresas, la cual tiene el nombre de dominio www.solepymes. com.

Lo importante es que tengas una plataforma que sirva como vehículo para brindar asesoría legal.

A continuación te proporcionaré un enlace de una página en la que puedes adquirir un dominio para tu página web, tú o el experto que te programe y diseñe tu página web. En la web https://www.godaddy.com/es/ podrás ingresar el nombre de dominio que deseas. Esta página automáticamente te mostrará si está o no disponible, y además te mostrará el precio del mismo. En el caso de no estar libre te propondrá alternativas a tu nombre. Finalmente, si no está libre y es ese el dominio que deseas, te ofrece el servicio de contactar con el propietario de dicho nombre para negociar con él su adquisición.

Si quieres ver un video explicativo de cómo hacer la búsqueda de tu dominio puedes ingresar en este enlace: www. miabogadoexperto.com/dominio.

¿En qué consiste el Hosting?

El hosting es el servidor de internet en donde se encuentra hospedada la información de la página web, para que esté disponible las 24 horas del día, los 365 días del año.

Existen algunos hosting gratuitos. Sin embargo, su uso no es recomendable puesto que en el momento en el que las empresas que lo brindan decidan quitarlo, lo harán sin tu consentimiento, y la página ya no estará disponible. Además, con ello proyectarás poca profesionalidad puesto que muchos hosting gratuitos pueden publicar cualquier contenido en tu web, lo cual consientes al hacer uso de su servicio «gratuito». Esta es la razón por la que es recomendable contratar una empresa que te proporcione el hosting. Este servicio puedes adquirirlo en la misma web en la que el dominio.

¿Por qué la mayoría de despachos de abogados no presta servicios online?

Hay muchas razones para ello. La principal de ellas es que si para ello se opta, como primera opción, por hacerlo ellos mismos necesitarían contar con diversos conocimientos para:

- contratar un dominio y hosting adecuado,

- diseñar su página web,

- saber programar,

- saber subir la información al hosting,

- diseño gráfico básico —manejo de Photoshop, por ejemplo—,

- y edición de audio o video, entre otros.

La otra opción que queda sería contar con un diseñador y programador de páginas web, que pueda realizar todas esas tareas, en el momento que lo necesite el abogado.

Entonces, ¿por qué razón ninguna de estas dos opciones es implementada por algunos despachos?

La primera es porque lleva mucho tiempo aprender todos esos conocimientos. Y, aunque sea alcanzable, el tiempo requerido es mucho mayor especialmente si no se le presta la dedicación necesaria. Yo, por ejemplo, llevo ya 10 años aprendiendo y realizando negocios por internet, y aún así todavía me queda mucho que aprender.

La segunda opción, contratar a un ingeniero y/o programador de planta, es rechazada porque demanda la inversión de mucho dinero, distinta de la primera que demanda la inversión de mucho tiempo.

Quizá para algunos ninguna de estas dos opciones se ajuste a su tiempo y presupuesto. Por ello, no tendría sentido darte esta valiosa información sin tener una tercera opción que te facilite convertir tu despacho físico en despacho virtual.

Deja que te cuente cual es la tercera opción. De tomarla estarás pasos muy por adelante de tu competencia. Podrás implementar todas las herramientas descritas en este libro, sin necesidad de tener que pagar grandes cantidades de dinero para contratar ingenieros de planta, ni tampoco invertir una gran cantidad de tiempo para aprender todos los conocimientos indicados, ya que hoy en día existe una plataforma tecnológica, exclusiva para abogados, que se ajusta a las exigencias de este mundo virtualizado, en el que en poco tiempo podrás implementarlo a tu despacho.

Ingresa al siguiente enlace, y accede a la plataforma que te ayudará a virtualizar tu despacho jurídico en poco tiempo: www.miabogadoexperto.com/tecnologia/.

CAPÍTULO V

Herramientas indispensables para virtualizar un despacho de abogados.

¿Cuál es la magia de contar con un despacho jurídico virtual?

El día miércoles 14 de noviembre de 2012, por la mañana me encontraba demasiado cansado, solo había dormido 3 horas, por haber estado redactando un memorial de evacuación de audiencia por 48 horas de una apelación laboral.

Trabajé muy duro, casi toda la noche, ya que el plazo vencía a las 9 de la mañana. Así que muy desvelado y sin poder desayunar me dirigí a la oficina, satisfecho por haber finalizado el memorial. Lo grabé en una memoria USB.

Al llegar a la oficina encendí la PC, conecte la memoria USB, y encendí la impresora para imprimir el memorial. Pero mi sorpresa fue que en el momento de querer acceder al archivo apareció el siguiente mensaje: «La memoria necesita ser formateada». «¡¡¡Nooooooo!!!! —exclamé—. ¿Cómo puede ser?». Al cabo de unos minutos de intentar de acceder a mi archivo todo fue imposible.

¿Te imaginas que consecuencias desenlazó el no haber evacuado la audiencia? Desde ese momento nunca más volví a confiar en las memorias USB.

No solo he vivido esta historia desagradable, hay muchas más que trajeron consecuencias no muy gratas, y no solo con las memorias USB. En otra ocasión se infectó con un virus el disco duro de mi PC, borró toda mi información y jamás pude recuperarla.

La magia de contar con un Despacho Jurídico Virtual ha resuelto completamente todos esos problemas, ya que no me importa si mi memoria USB o mi PC colapsan, porque mi información está guardada en mi despacho virtual. Si aún no lo has implementado, hoy mismo podrás hacerlo.

Hoy te mostraré cuatro herramientas que te permitirán acceder a la información de tu despacho, desde cualquier lugar del mundo, sin necesidad de estar cargando con ningún dispositivo físico.

Estoy seguro de que ya seas abogado litigante o notario que ejerce de manera autónoma, te habrá pasado algo similar a lo que a continuación describiré:

Muchas veces, cuando uno sale de la oficina, y va camino a casa, alguien te llama para faccionar algún documento —una acta notarial, un contrato, un finiquito, etc., esto le pasa a notarios— o para presentar un memorial en algún Juzgado de manera urgente —en el caso de los abogados—. El problema es que al estar todas las minutas en tu computador de la oficina no puedes brindar un servicio rápido, ya que si redactas el documento desde cero, te llevaría mucho tiempo, o si regresas a tu oficina igualmente será tardado.

Para que no te veas afectado por este problema, hoy quiero revelarte algunas herramientas que uso. Son gratuitas, muy intuitivas y fáciles de usar, y con ellas puedes virtualizar tu despacho jurídico hoy mismo y, lo que es más importante, YA NO TENDRÁS QUE PREOCUPARTE cuando te enfrentes a un requerimiento de servicios jurídicos fuera de tu oficina y/o del horario de trabajo, puesto que podrás acceder a toda tu información de manera inmediata.

Contar con un despacho virtual es una experiencia extraordinaria, ya que te da la sensación de que estas accediendo directamente a tu computador, sin importar en qué lugar te encuentres.

Personalmente ya no tengo que estar cargando con casi nada. No llevo nada de mi oficina, puedo trabajar a decenas y cientos de kilómetros de distancia, acceder de forma inmediata a toda mi información, y lo más importante es que también todo se puede sincronizar, de modo que los cambios realizados en cualquier momento se actualizan automáticamente, sin necesidad de hacerlo manualmente.

¿Cuáles son las herramientas de adaptación y virtualización que puedes implantar en tu despacho jurídico hoy mismo, sin invertir ni un solo centavo?

Lo que diferencia a una persona exitosa de una que no lo es no está en la falta de recursos, sino en la falta de creatividad.

¿Qué significa eso? Esto significa que ante la falta de recursos, muchos se cruzan de brazos y se paralizan, teniendo la excusa perfecta para no continuar. La falta de creatividad les lleva a no buscar medios y formas alternas para continuar.

Si te ves bloqueado por falta de recursos entonces recurre a las personas que pueden ayudarte, quizá no de manera directa, pero que pueden referirte a alguien más.

Siguiendo esta misma línea de pensamiento, todavía a estas alturas muchos abogados no se han adaptado a la era virtual —móvil-digital—, no por falta de recursos para formarse sino por no tener las fuentes de información adecuadas para aprender cual es el proceso de adaptación.

A través de este capítulo te mostraré a donde debes recurrir para poder virtualizar tu despacho jurídico, te mostraré cuales son las herramientas básicas que puedes usar, que si bien es cierto presentan ciertas restricciones por el hecho de ser gratuitas, sin embargo brindan al menos el 50% de capacidad que las correspondientes herramientas pagadas. Veamos cuales son.

Herramienta 1: Google drive

Con esta herramienta dispondrás en cualquier lugar de toda la información que tienes en tu computador. Podrás acceder a ella desde cualquier parte del mundo, y a través de cualquier dispositivo conectado a internet. Además, los cambios que realices se sincronizarán automáticamente en todos tus dispositivos.

Veamos un ejemplo de como funciona. Por la mañana, antes de salir de casa, redacto un memorial de demanda que iré a presentar a los tribunales, pero no lo imprimo porque me hace falta realizarle algunos cambios. Por la prisa salgo rápido de casa. Camino de la oficina puedo editarlo desde mi dispositivo móvil, de tal manera que cuando llego ya está completa la redacción.

Sin embargo, aunque no llevo el cable de mi teléfono para bajar el documento al PC, no tengo problema, puesto que con tan solo encender el PC de la oficina, puedo acceder al mismo, sin tener que trasladar el archivo directamente de un dispositivo a otro y, además, los cambios hechos en el documento se actualizan automáticamente en todos.

Esto es lo que te permite la herramienta de Google Drive: tu puedes acceder a tus archivos desde cualquier lugar, y los cambios que hagas se aplicarán para cualquier PC o dispositivo con el que te conectes, ya que la herramienta lo sincroniza todo de manera automática. De este modo no tendrás que estar lidiando con memorias USB, ni tampoco deberás subir archivos a tu correo electrónico, etc.

Para descubrir esta herramienta, y aprender cómo usarla, ingresa en el siguiente enlace: www.miabogadoexperto.com/googledrive.

Herramienta 2: ONEDRIVE

Onedrive te permite almacenar varios GB de información. Tiene casi las mismas funciones que Google Drive, pero con pequeñas diferencias, las mismas que descubrirás en los video-tutoriales que explican cómo funciona.

Para descubrir la referida herramienta, y aprender cómo usarla, ingresa al siguiente enlace: www.miabogadoexperto. com/onedrive/.

Herramienta 3: Mailchimp

La funcionalidad de esta última herramienta es diferente a la de las anteriores. Esta permite manejar tu lista de suscriptores de manera ordenada, enviar correos electrónicos de manera masiva con un solo clic, y obtener estadísticas que muestran quienes leen tus correos.

Para descubrir la referida herramienta, y aprender cómo usarla, ingresa al siguiente enlace: www.miabogadoexperto. com/mailchimp/

CAPÍTULO VI

El abogado en la era digital

¿Cuáles son los efectos de las nuevas tecnología de la información en la prestación de servicios legales?

Uno de los efectos más poderosos que apareja el uso de las nuevas tecnologías, es la potenciación en el crecimiento de los despachos, puesto que a través de ellas:

- Puedes llegar a más gente en menos tiempo.

- Puedes prestar servicios en línea.

- Puedes hacerte imagen en corto tiempo.

- Puedes desarrollar un plan de marketing jurídico con una mínima inversión, etc.

¿En qué consiste la era digital?

La Revolución Digital supone un conjunto de cambios radicales provocados por una serie de «herramientas» conocidas como tecnologías de la información y la comunicación. Estas proporcionan nuevas funcionalidades que abren una serie de posibilidades para una nueva economía, la economía Digital.

Gracias al uso de estas tecnologías hemos pasado de un mundo presencial a uno virtual, de un mundo social a uno móvil-digital.

En esta época, la llamada era digital, millones de personas llevan todas sus herramientas de trabajo —tales como: lista de contactos, correos, envío de mensajes instantáneos, llamadas, video llamadas— en la palma de su mano, a través de un dispositivo móvil conectado a internet.

Todo esto ha supuesto la trasformación, el cambio de las herramientas físicas de trabajo por herramientas digitales, a las que se puede acceder desde cualquier dispositivo.

Todo este cambio está obligando a que los profesionales del derecho realicen una pronta adaptación en la prestación de servicios legales, de las nuevas tecnologías de la información y de la comunicación.

Esta transformación conlleva la necesidad de un aprendizaje acelerado, que no tiene nada que ver con aspectos legales, sino con aspectos puramente técnicos.

¿Qué es metamorfosis jurídica?

Uno de los gremios que más se resiste al cambio, a la aplicación de las nuevas tecnología de la información y comunicación, es el de abogados y notarios. Esto es así puesto que la formación recibida en la universidad se centra únicamente en aspectos puramente legales, y son pocos los abogados que han adquirido conocimientos relacionados al mundo virtual, o que privilegiadamente han estudiado otra carrera que tenga que ver con el uso de las nuevas tecnologías de la información y la comunicación.

Algunos consideran que «*el inglés del futuro*» para los abogados pasa por los conocimientos que tengan que ver con el uso de las nuevas tecnologías y el mundo virtual. Así, por ejemplo, piensan que para que un abogado pueda ser exitoso en la era virtual deberá aprender a diseñar y programar páginas web, a crear base de datos, y a editar audio y video, etc.

Pero, ¿en qué consiste la metamorfosis legal?

La metamorfosis legal consiste en el proceso de transformación y adaptación de la prestación de servicios legales de forma tradicional a la prestación de servicios legales usando plataformas virtuales.

Para ello, **el primer paso** a dar es **conocer las herramientas tecnológicas** existentes dentro del contexto de la prestación de servicios legales.

El segundo paso es **aprender a usar** dichas herramientas.

Y el **tercer paso** es implementar dichas herramientas a los despachos Jurídicos.

¿Es la era virtual una oportunidad o una amenaza?

Cada avance en la tecnología se convierte en una oportunidad para quienes procuran adaptarse rápidamente. Sin embargo, puede convertirse en **una amenaza para los que se quedan de**

brazos cruzados y no invierten tiempo ni recursos para estar al día con los cambios.

El simple hecho de estar leyendo este libro es un primer gran paso para iniciar un proceso de adaptación, ya que a través del mismo te muestro los aspectos básicos —teórico-prácticos— que son el comienzo para disfrutar de todas las bondades que te brinda esta era dorada, la era digital.

El segundo paso es tomar acción de manera inmediata.

¿Cuál es el futuro de los profesionales del derecho que no se adapten a la era digital?

Para la sobrevivencia profesional no tienes alternativa, o te adaptas a este mundo digital o profesionalmente irás desapareciendo de manera paulatina.

¿Y cuál es la razón de ello? La razón es que actualmente la implantación de los dispositivos móviles en la vida cotidiana de las personas es tal que incluso en el mundo existen más dispositivos móviles que personas —http://www.universoabierto.com/16285/oficialmente-ya-hay-mas-dispositivos-moviles-que-personas-en-el-mundo/—. Según las estadísticas proporcionadas por la GSMA, el mes de octubre de dos mil catorce está a punto de llegarse a los 7.230 millones de conexiones móviles, mientras que el censo de población en todo el mundo es de 7.197 millones. Valores más actualizados de esta estadísticas se pueden encontrar en https://gsmaintelligence.com/.

¿Qué hacer para estar pasos por delante de la competencia?

Lo primero y más importante que debes saber es que si no llevas tu despacho jurídico en la palma de tu mano y, más aún, que si NO logras que tu nicho de mercado tenga la solución a sus problemas legales en la palma de su mano, estarás con grandes desventajas. Este mundo cada vez más potencializa su competitividad, y esto ocurre en todas las industrias, y en lo que a la prestación de servicios legales se refiere no escapa de esta realizad.

Si quieres saber cómo aprovechar todas las bondades que brinda la era digital y acceder a la plataforma tecnológica para abogados más completa, visita el siguiente enlace:

www.miabogadoexperto.com/tecnologia/

El autor

UBER GARCIA, es Licenciado en Ciencias Jurídicas y Sociales, Abogado y Notario, por la Universidad de San Carlos de Guatemala.

Es un apasionado y estudioso de las nuevas tecnologías de la información, aplicadas a la prestación de servicios legales. Parte de su formación la ha recibido en Mi Universidad Virtual de Negocios y Marketing por Internet, de los Estados Unidos de Norte América. Además ha recibido decenas de cursos virtuales al rededor del mundo, con los más destacados «gurús» de los negocios por internet.

www.ingramcontent.com/pod-product-compliance
Lightning Source LLC
Chambersburg PA
CBHW060403190526
45169CB00002B/732